全媒体时代党的群众组织力提升研究

郭华　著

中国言实出版社

图书在版编目（CIP）数据

全媒体时代党的群众组织力提升研究 / 郭华著. --北京 : 中国言实出版社, 2023.9
ISBN 978-7-5171-4587-5

I. ①全… II. ①郭… III. ①中国共产党－群众路线－研究 IV. ①D252

中国国家版本馆 CIP 数据核字(2023)第 179110 号

全媒体时代党的群众组织力提升研究

责任编辑：郭江妮　刘　琳
责任校对：邱　耿

出版发行：中国言实出版社
　　地　址：北京市朝阳区北苑路 180 号加利大厦 5 号楼 105 室
　　邮　编：100101
　　编辑部：北京市海淀区花园路 6 号院 B 座 6 层
　　邮　编：100088
　　电　话：64924853（总编室）　64924716（发行部）
　　网　址：www.zgyscbs.cn　E-mail：zgyscbs@263.net

经　销：新华书店
印　刷：三河市悦鑫印务有限公司
版　次：2024 年 4 月第 1 版　　2024 年 4 月第 1 次印刷
规　格：787 毫米×1092 毫米　1/16　10 印张
字　数：150 千字

定　价：79.00 元
书　号：978-7-5171-4587-5

前　言

随着网络传播技术的飞速发展，出现了全程媒体、全息媒体、全员媒体、全效媒体，标志着一个人民群众广泛关注、深度参与的全媒体交互空间已经形成。人民群众是决定党和国家前途命运的根本力量，人民群众在哪里，党的群众工作就要做到哪里。中国共产党要始终成为时代先锋、民族脊梁，就必须不断增强党的群众组织力。全面建设社会主义现代化国家，必须充分发挥亿万人民的创造伟力。这要求全党必须坚持全心全意为人民服务的根本宗旨，必须牢固树立群众观点，走好群众路线，始终保持同人民群众的血肉联系，始终同人民群众同呼吸、共命运、心连心，才能形成强大的群众组织力，形成同心共圆中国梦的强大合力。

中国共产党在长期的革命实践中形成和发展了党的生命线和根本工作路线，即党的群众路线。这一路线得以形成，归功于党领导的革命斗争和群众工作的实践，是马克思主义基本原理与中国革命和建设实践相结合的产物。在中国革命、建设、改革的任何阶段，群众组织力都发挥着不可估量的作用，历年来受到我党的高度重视。这是因为：强大的群众组织力是党实现初心使命的动力支撑，是党从历史中获得的宝贵经验，是党推动事业发展的根本力量。无论在任何历史时期和时代背景下，群众路线都是我们党根本的领导作风和工作方法。

全媒体时代的到来，深刻改变了党联系群众的舆论生态、媒体格局和传播方式，给党的群众工作带来了新的机遇和挑战。一方面，全媒体时代各种新技术、新应用的快速发展，拓宽了党群沟通渠道，增强了党群沟通时效，扩大了党群沟通范围，使得党群联系沟通更方便快捷，全媒体交互平台开放性、广泛性、虚拟性和隐匿性等特点，让党收集社情民意更真实、更多元、更精准、更高效，让党宣传组织群众更灵活、更迅速、更广泛，为全媒体时代党提升群众组织力提供了良好机遇。另一方面，全媒体技术的发展和运用就像一把锋利的双刃剑，带来诸多机遇的同时，也为党提升群众组织力造成了严峻挑战。全媒体平台去中心化的趋势弱化了传统媒体的话语主权，增强了个体表达的独立特质，暗蕴了网络民意的现实效应，增加了党的群众引领难度；全媒体平台信息的裂变传播特点引发了蛛网传播的蝴蝶效应，加剧了虚假信息的传播速度，滋生了网络炒作的产业土壤，加大了党的群众舆论研判难度；利用全媒体平台，境外势力网络攻击抹黑党和国家形象，网络推手制造谣言误导和操控民意，民众情绪宣泄助长了网络的非理性表达，可能会冲淡群众对党的政治认同。面对全媒体时代给党的群众工作带来的机遇与挑战，我们应因时、因势、因事而变，从历史路径、主体路径、技术路径三个大的方向创新党的群众工作方法，持续、大幅提升党的群众组织力凝聚起实现中华民族伟大复兴的磅礴力量。

郭 华

2023 年 8 月 21 日

目　录

绪论　全媒体场域的形成与党组织群众方式的改变 1

第一节　全媒体场域的形成 1
第二节　党的群众组织力 5
第三节　全媒体场域的形成与党组织群众方式的改变 12

第一章　全媒体时代党提升群众组织力的理论基础 21

第一节　马克思主义群众观 21
第二节　马克思主义认识论 26
第三节　中华优秀传统文化 34
第四节　党的群众路线理论 37
第五节　全媒体技术相关理论 41

第二章　全媒体时代党提升群众组织力的良好机遇 50

第一节　党群联系沟通更方便快捷 50
第二节　社情民意收集更精准高效 55
第三节　宣传组织群众更迅速广泛 59

第三章　全媒体时代党提升群众组织力的现实挑战 64

第一节　去中心化趋势增加了党的群众引领难度 64
第二节　裂变传播特点加大了群众舆论研判难度 69
第三节　恶意网络攻击冲淡了党的群众政治认同 74

第四章　全媒体时代党提升群众组织力的历史路径 82

第一节　始终维护人民群众根本利益 82
第二节　发扬灵活机动的宣传风格 91
第三节　没有调查就没有发言权 95

第五章　全媒体时代党提升群众组织力的主体路径 107

第一节　站稳人民立场夯实党员干部政治素养 107
第二节　掌握媒体规律增强党员干部用网水平 110
第三节　做强主流媒体提升党的舆论引领能力 115

第六章　全媒体时代党提升群众组织力的技术路径 121

第一节　利用大数据精准收集社情民意 121
第二节　运用多媒体技术开展数字化宣传 126
第三节　基于网络舆情监测平台引领群众 131

第七章　全媒体时代党提升群众组织力的价值 136

第一节　有利于新时期全面深入密切党群关系 136
第二节　有利于夯实我党长期执政的群众根基 141
第三节　有利于凝聚起奋进新征程的磅礴伟力 146

参考文献 152

绪论　全媒体场域的形成与党组织群众方式的改变

随着网络传播技术的飞速发展，出现了全程媒体、全息媒体、全员媒体、全效媒体，标志着一个人民群众广泛关注、深度参与的全媒体交互空间已经形成。对此，党的二十大报告指出，要加强全媒体传播体系建设，塑造主流舆论新格局。人民群众是决定党和国家前途命运的根本力量，人民群众在哪里，党的群众工作就要做到哪里。党的二十大报告还强调："团结就是力量，团结才能胜利。全面建设社会主义现代化国家，必须充分发挥亿万人民的创造伟力。"如何才能"发挥亿万人民的创造伟力"呢？答案就是：全党必须坚持全心全意为人民服务的根本宗旨，必须牢固树立群众观点，走好群众路线，始终保持同人民群众的血肉联系，始终同人民群众同呼吸、共命运、心连心，形成强大的群众组织力，从而不断巩固全国各族人民大团结，加强海内外中华儿女大团结，形成同心共圆中国梦的强大合力。

中国特色社会主义进入新时代，宣传思想工作面临的风险挑战之严峻前所未有，承担的使命任务之艰巨前所未有，必须不断巩固壮大主流思想舆论，弘扬主旋律，传播正能量，激发全社会团结奋进的强大力量，更好地强信心、聚民心、暖人心、筑同心。推动媒体融合发展，加快构建融为一体、合而为一的全媒体传播格局，是党中央着眼巩固宣传思想文化阵地、壮大主流思想舆论作出的战略部署，是宣传思想战线面临的改革要求，具有重要的现实意义。

第一节　全媒体场域的形成

"全媒体"即"omnimedia"，源自于美国一间名叫玛莎·斯图尔特生活全媒体（Martha Stewart Living Omnimedia）的家政公司。这家新媒体公司成立于 1999 年，旗下拥有并管理着诸多媒体，如：杂志，书籍，报刊专栏，广播节目，电视节目，网站平台等。并通过这些媒体的组合，即所谓的“全媒体”宣传自己的家政服务和产品。受限于当时的科学技术水准，玛莎—斯图尔特生活全媒体公司的“全媒体”与今天所指的“全媒体”意味相差甚远，其含义更多接近于“多媒体”（multimedia）。但这个颇具超前意识的“全媒体”却预言了今天信息社会发展的新趋势。即伴随着科学技术发展的日新月异，传统媒体与新媒体的不断融合互通，出现了全程媒体、全息媒体、全员媒体、全效媒体，形成无处不在，无所不及，无人不用，无法阻挡的全媒体平台，开启了一个崭新的全媒体时代。

多媒体的出现是工业革命之后，给人类社会带来的最具震撼力的事物之一。日新月异，争奇斗艳的新媒体不仅以网络传播、电脑传播、手机传播、电子书传播等多种方式，从传统的报纸、广播、电视等大众传播领域，彻底颠覆了传统的信息传播方式、传授关系、传播理念、传播规律；也不仅以电子商务、淘宝购物、手机支付、智能家居、智慧城市等改变了人们既往的行为方式和生存条件；还不仅以上述种种创造了新的产业形态及经济增长方式，而且，国家间的网络渗透、网络煽动、网络攻击、电子战争等，还成为决定国家命运及国际安全的重要利剑。

今天，这些多种多样的新媒体如此深刻、广泛地影响着人类的社会与生活，而且，数字化的魔盒还在不断变幻出令人意想不到的“新新媒体”，这些媒体互融互通，交错交互，呈现出全媒体的效果。这里的“全媒体”的“全”，不仅包括了报纸、杂志、广播、电视、音像、电影、出版、网络、电信、卫星通信在内的各类传播工具，涵盖视、听、形象、触觉等人们接受资讯的全部感官，而且针对受众的不同需求，选择最适合的媒体形式和管道，深度融合，提供超细分的服务，实现对受众的全面覆盖及最佳传播效果。

全媒体时代的到来，深刻改变了党联系群众的舆论生态、媒体格局和传播方式，给党的群众工作带来了新机遇，也带来了新挑战。面对这一重大变化，我党因势而谋、应势而动、顺势而为，做大做强主流媒体，引导管控自媒体，不断推动多媒体融合发展，使主流媒体的传播力、引导力、影响力、公信力日益强大。2019 年 1 月 25 日，中共中央政治局就“全媒体时代和媒体融合发展”举行了第十二次集体学习。在学习中，习近平总书记深刻指出：“全媒体不断发展，出现了全程媒体、全息媒体、全员媒体、全效媒体，信息无处不在、无所不及、无人不用，导致舆论生态、媒体格局、传播方式发生深刻变化，新闻舆论工作面临新的挑战。”这标志着我国全媒体场域已经形成。需要特别指出的是，全媒体的“全”，不是指媒体种类的全，而是从时间、空间、主体、效能四个维度进行诠释，即全程媒体、全息媒体、全员媒体和全效媒体。

全程媒体，指的是媒体贯穿过程始终，也就是说媒体在播报一个事件消息的过程中，从事件的开端到最终的结果，媒体都对其进行全程跟进，并即时对公众发布事件的全部各阶段的进展消息。从时间维度上来看，全程媒体强调的是媒体覆盖了信息或事件的全过程，信息传输技术的飞速发展和移动网络技术的迭代升级，使媒体基本可以同步记录、传输，新闻报道、信息传播无时不有，实现了信息或事件的全程记录、几乎同步传播。也就是说，信息或事件已经突破了时空尺度，从开始到结束，可以无时差，不分白天黑夜，随时随地发生传播。任何一个信息或事件可以随时转变成一个公共信息，传播速度快得惊人。全程媒体，可以通过多种媒介随时发布传播信息，借助于移动互联和无数用户的参与，信息传播在空间与时间两个维度上，都已突破了传统媒体无法随地随时刊发播报的限制，信息传播变得无处不在、无时不有，接近于零时差、零距离、全天候。其次是“全时”：无论是从一个重大事件的发生到结束，还是从一条重要信息的发布与解读，通过各类媒体所形成的合力，都能做到全流程跟踪、全方位挖掘、全角度解析，信息传播真正体现了全过程、全方位、全视角。

全息媒体，指的是媒体的呈现方式多种多样。也就是说媒体信息传播的形式不再拘泥于简单的图文，AR、H5、音视频等新鲜形式更能为受众带来全新的体验，能够对新闻信息进行立体的展现，并且在当今人工智能技术、云技术等新型技术手段的支持下，“万物皆可为媒介”的发展趋势随之愈加明显；从空间维度上看，全息媒体强调的是伴随着物联网、多维成像等技术的成熟和大数据技术的应用，物理空间智能仿真呈现度大幅提高，物理信息源的失真误差大幅减少，标准化、数据化记录，多角度、多方位再现，新闻报道、信息传播无处不在，几乎实现了信息或物体在空间的全方位呈现和多角度同步传播。

全员媒体，指的是人人皆可为媒体的参与者。也就是说媒体在信息传播渠道十分便捷的环境下，人人都可以成为信息的传播者和接收者，人人都持有对事件的话语权；全员媒体，意味着媒体主体的多元化与互动性大大增强。首先是“多元参与”：信息的生产与发布传播都突破了传统媒体的主体范围，进入人人都有麦克风、一部手机就是一个生产和传播发布平台的“无人不用”新时期。其次是“多向互动”：信息生产与发布传播，从以往的“我写你看”“我说你听”的一对多传播，变成了多对多传播。所谓“无人不用”，并非指用户只是接受信息的受众，这里的“用”实际上既包含了对信息的接受与消费，也包括用户运用网络进行信息生产与发布传播。这其中，有大量的信息内容来自用户的互动，比如阅读率、点赞率本身就是一种新信息，转发、分享就构成了传播，跟帖、评论已经进入信息生产过程。当然更不用说有海量的网民原创的微博 PO 文、公号发帖、短视频乃至直播等，所产生的信息是所有传统媒体的总和也望尘莫及的。

全效媒体，指的是媒体的传播效果更全面高效精准。不同于以往新闻传播受众和传播效果的不确定不明晰性，媒体的分众化特点使传播受众变得非常精准，不仅可以针对同类人进行信息发布，而且能获得受众的信息反馈，清楚了解传播效果。同时，伴随着多媒体技术运用的不断丰富，受众对媒体的体验感更强更广泛。一方面。图片、声音、视频等信息交错传播，使传播效果更立体、更多面、更具有冲击力；另一方面，移动化、分众化、功能化、集成化、碎片化的融合传播，使传播效果更直观、更鲜明、更满足受众期待。全效媒体，意味着媒体传播效能的大大提高。首先是“效果把握准”：基于云计算、大数据和人工智能等技术手段，用户画像越来越清晰，可以更加有效地进行信息生产与传播发布。以往报纸发出去了、广播电视播出去了，谁阅读了、收看了、反响如何，很难及时和准确地反馈，只是“非全效传播”。而信息生产，更是凭感觉与经验进行策划与组织。通过运用新的技术手段，媒体不仅可以根据用户不同需求生产准确推送，更可以根据用户反馈，及时对信息生产进行调整，提高传播效果、提升传播效率。其次是“平台功能全”：互联网时代信息冗余，人们很容易从不同渠道获取信息，因此纯粹的信息传播渠道或平台用户黏性降低，许多媒体已突破功能尺度，形成了集信息、社交、服务（例如游戏、查找景点等）、政务、商务等各种产品与功能于一体的“无所不及”的生态级聚合平台，最大限度地吸引用户，再根据不同受众的个性化需求进行产品的生产与分发。

全媒体时代的到来是媒体融合发展的必然趋势，其势不可挡。但全程媒体让信息传播更为便捷快速的同时，也使舆论传播风险加大；全息媒体帮助主流媒体发挥媒介手段、媒介形态以及媒介渠道等技术和资源优势的同时，也让自媒体开始野蛮生长；全员媒体让人人都有麦克风，人人都能自由发表自己观点的同时，也容易造成一些“意见领袖”带偏舆论风向；全效媒体在媒体传播效度、精度、广度均大大提高的同时，也使自媒体在舆论场中的声音越来越大。面对全媒体场域形成这一重大机遇和挑战，探索其对提升党的群众组织力的巨大影响，是一个值得深度探究的重要问题。

第二节 党的群众组织力

党的十九大报告中首次提出“群众组织力”，体现了我党对群众路线和群众工作的深度认识。当前，学术界对群众组织力内涵认可度较高的是中共中央党史研究室副主任冯俊教授所概括的，他认为：“党的群众组织力，一般而论，就是党依靠群众、动员群众、组织群众进行物质生产活动、精神文化活动、革命斗争和社会变革活动的能力。在当前，党的群众组织力就是党依靠群众、动员群众、组织群众进行伟大斗争、建设伟大工程、推进伟大事业、实现伟大梦想的能力。群众组织力是我们党的执政能力和国家治理能力的具体体现。”[①]根据冯俊教授的定义，群众组织力可以分为三个层次：第一层是群众组织力与党的政治任务保持一致；第二层是必须动

① 陈菁．如何增强党的“群众组织力”——人民拥护和支持是党执政的最牢根基[J]．当代广西，2018（8）：50．

员社会各方力量，凝聚社会力量；第三层是领导人民群众进行伟大实践，让群众的自我解放和发展得以实现。

可见，群众组织力主要表现为一种综合性功能，其内涵可以概括为：党员和人民群众是在党的领导下自觉组织起来，参与到各种社会活动中，通过自我管理、自我服务和自我发展，积极地推动社会进步和实现自身利益的能力。它是党的群众路线的重要体现，是促进党的工作顺利开展和推动社会发展的重要条件之一。群众组织力主要是依靠、组织、团结、教育、动员广大人民群众，为实现人民对美好生活的向往进行的社会主义现代化强国建设，并朝着实现中华民族伟大复兴的中国梦的目标一同努力奋斗的组织动员能力。群众组织力的主体是中国共产党领导的各级基层党组织，客体是广大人民群众，目标是实现人民对美好生活的向往、建成社会主义现代化强国，实现中华民族伟大复兴。完成党的目标，基层党组织必须具备群众组织力，通过组织活动，赢得广大人民群众的支持和认可，才能实现组织活动目标，可看出，一个政党必须与人民群众保持密切的联系。在中国革命、建设、改革的任何阶段，群众组织力都发挥着不可估量的作用，历年来受到我党的高度重视。全媒体时代，理解党的群众组织力一定要立足于当前中国实际，要结合我党的性质、宗旨、初心使命来把握群众组织力的丰富内涵。

一．强大的群众组织力是党实现初心使命的动力支撑

党的群众组织力是基于群众对党的认同和支持的前提下主动自愿接受党的动员和组织而产生的一种能力。要把群众团结和组织起来，必须得到群众的认同和支持。中国共产党一经诞生，就把为中国人民谋幸福、为中华民族谋复兴确立为自己的初心使命。我们党为什么能够在建党初期并存的众多政党、流派中脱颖而出，为什么建党以来能够赢得人民的信任和支持？关键就在于我们党为人民而生、因人民而兴，始终同人民心连心、同呼吸、共命运，始终与人民休戚与共、生死相依。可以说，为中国人民谋幸福、为中华民族谋复兴的初心使命，反映了饱受屈辱、久经苦难的全体中国人民的共同愿望，极大地激发了人民群众对于中国共产党的认知认同

和情感认同，并最终产生了支持和选择的行为认同，奠定了党的强大群众组织力的价值基础。

为中国人民谋幸福，为中华民族谋复兴，是中国共产党人的初心和使命，是激励一代代中国共产党人前赴后继、英勇奋斗的根本动力。实现这一初心使命要求党必须具备强大的群众组织力。这是因为：唯物史观告诉我们：人民群众是历史的创造者，是真正的英雄。人民群众是社会物质财富的创造者；人民群众是社会精神财富的创造者；人民群众是社会变革的决定力量。人民群众是历史演进的“剧中人”，又是历史过程的“剧作者”。没有人民群众，就没有波澜壮阔的历史画卷。而人民群众力量的发挥又是以组织为保障的。以马克思主义为指导的中国共产党人，只有始终与人民群众保持血肉联系，与人民群众手牵手，心连心，将人民群众组织起来，紧紧地团结在自己的周围，以清醒的理论自觉坚持把组织群众贯彻到推动伟大事业发展的全过程，才能凝聚起建设社会主义现代化强国的磅礴伟力，谱写出中华民族伟大复兴的华彩篇章。

党的十八大以来，中国特色社会主义进入新时代。新时代十年，经历涉滩之险、爬坡之艰、闯关之难，党和国家事业取得历史性成就、发生历史性变革。新时代十年的伟大变革，是中国共产党和中国人民团结奋斗赢得的历史性胜利，是彪炳中华民族发展史册的历史性胜利，也是对世界具有深远影响的历史性胜利。中国特色社会主义事业蓬勃发展、努力实现中国共产党的初心和使命，离不开广大人民群众的积极参与，当前中华民族伟大复兴已步入关键期，改革发展处于攻坚克难的重要时期，必须团结最广大人民群众，才能取得新的伟大胜利。

一方面，强大的群众组织力是国家治理能力和治理体系现代化建设的基础，将人民群众紧密团结在党的周围，必须要有自上而下的组织体系保障，高瞻远瞩的顶层设计，顺达通畅的传达机制，有呼必有应的基层组织。将群众路线政策贯彻到党的伟大事业的方方面面，充分发挥人民群众的主观能动性，凝聚各方面的智慧力量，具有强大群众组织力的党组织体系是党提升国家治理能力和治理体系现代化建设的根基。党只有充分发挥自身的组织优势，才能提升国家治理效能，促进国家经济、政治、文化发生质的飞跃，社会秩序越来越规范化、程序化、民主化，使国家治理体系和治理能力朝着现代化方向不断进步，为实现中国梦凝聚磅礴力量，提供强有力的动力和支持。

另一方面，满足人民对美好生活的向往需要强大的群众组织力。在党的十九大报告中，习近平总书记开明宗义的强调了“中国共产党人的初心和使命，就是为中国人民谋幸福，为中华民族谋复兴。”因此，人民对美好生活的向往始终是我党为之奋斗的目标。自进入新时代以来，我国社会主要矛盾发生新的变化，人民群众需要更好的教育、更稳定的工作、更满意的收入、更可靠的社会保障、更高水平的医疗卫生服务、更舒适的居住条件、更优美的环境。人民群众对美好生活的向往包括物质层面和精神层面。满足人民日益增长的物质需要和文化需要，要求党真正深入到人民群众中间，懂得并及时、高效解决他们最关心的最直接、最现实的利益问题，不断提高人民群众的获得感、幸福感和安全感，更好实现人民对美好生活的向往。做到这一点，要求党必须有强大的群众组织力。

二. 强大的群众组织力是党从历史中获得的宝贵经验

不组织群众，无产阶级就一事无成。党的群众组织力，是党的性质宗旨的重要体现，集中反映为依靠、动员、组织和教育人民群众进行伟大社会实践的能力。回望历史，我们党紧紧依靠群众、有效组织群众，凝聚起改天换地的实践伟力；在新的时代条件下，我们要进行伟大斗争、建设伟大工程、推进伟大事业、实现伟大梦想，必须不断增强党的群众组织力，从而为赢得优势、赢得未来提供坚强力量保证。

革命战争年代，劳苦大众为什么愿意跟着中国共产党南征北战、浴血奋战，抛头颅、洒热血，就是因为党始终同人民在一起，为人民利益而奋斗。新中国成立后，全国人民为什么愿意跟着中国共产党在一穷二白、满目疮痍的情况下自力更生、发愤图强？就是因为党和人民群众血脉相连、唇齿相依。改革开放以后，中国人民为什么愿意跟着中国共产党突破思想牢笼走出一条中国特色社会主义道路？就是因为党以人民为中心，把人民富裕、国家强盛作为不懈追求。进入新时代，全面从严治党为什么赢得人民群众坚定支持、拍手称快？就是因为这反映了民心所向。人民群众是很朴素的，也是很讲感情的；谁把人民放在心上，人民就把谁放在心上；谁站在人民群众一边，谁就能获得人民群众的支持和拥护。

我们党来自人民、植根人民、服务人民，一旦脱离群众，就会失去生命力。中国共产党一路走来，从苦难到辉煌的历史深刻昭示了这一真理。人民群众的力量来自于组织，始终葆有强大的群众组织力是党的制胜法宝。党自成立伊始就高度重视组织群众。早在党的一大，就提出了“本党承认苏维埃管理制度，把工农劳动者和士兵组织起来”的纲领。中共六大，周恩来提出了“怎样夺取千百万群众”的当时要解决的中心任务。随后，大会明确指出：“争取群众是现时的总路线”，“党要用一切力量去加紧团结收集统一无产阶级的群众，使他们围绕党的主要口号，做极巨大的组织工作，以巩固革命工会，农民协会，尽可能地领导日常经济政治斗争，以发展工农群众组织。”1929 年，在古田会议上，毛泽东同志代表前委起草了决议案。决议指出：“红军的打仗，不是单纯地为了打仗而打仗，而是为了宣传群众、组织群众、武装群众，并帮助群众建设革命政权才去打仗的，离了对群众的宣传、组织、武装和建设革命政权等项目标，就是失去了打仗的意义，也就是失去了红军存在的意义。”1938 年 5 月，面对日军优势兵力的进攻，国民党正面战场节节败退，抗日战争的发展前途已经成为了一个全国人民关注的重大问题。坚决抗战还是妥协退让？如果坚决抗战，中国能胜吗？如何得胜？毛泽东同志在《论持久战》中这样回答：“战争的伟力之最深厚的根源，存在于民众之中。”

1945 年 4 月，抗战胜利前夕，中国七大在延安顺利召开。大会总结了中国新民主主义革命 24 年的历史经验，确立了党的指导思想和政治路线，实现了全党的空前团结，是一次极其重要的具有深远影响的会议。在会议报告中，毛泽东同志将群众路线概括为中国共产党的三大优良作风之一，指出“以马克思列宁主义的理论思想武装起来的中国共产党，在中国人民中产生了新的工作作风，这主要的就是理论和实践相结合的作风，和人民群众紧密地联系在一起的作风以及自我批评的作风。”并将其作为中国共产党区别于他党的显著标志之一。他说：“我们共产党人区别于其他任何政党的又一个显著的标志，就是和最广大的人民群众取得最密切的联系。全心全意地为人民服务，一刻也不脱离群众；一切从人民的利益出发，而不是从个人或小集团的利益出发。”刘少奇在其所做的《论党》报告中单列一章重点论述了中国共产党的群众路线，确立了其作为中国共产党根本的政治路线和组织路线的地位。他总结到：“党的群众路线，是我们党的根本的政治路线，也是我们党的根本的组织路线。”历史证明：我们党卓有成效地将群众组织起来、武装起来，结下了丰硕之果，不仅使国民党淹没在了人民战争的汪洋大海中，更是建立了一个人民当家做主的新中国，再一次证实了毛泽东同志“人民，只有人民，才是创造世界历史的动力”的科学论断。

三．强大的群众组织力是党推动事业发展的根本力量

中国共产党是中国特色社会主义事业建设的领导力量，办好中国事情，关键在党。中国共产党的核心作用是通过领导和团结广大人民群众，发挥强大的群众组织力，将人民群众吸引和聚集到党组织周围，同心同德，共同奋斗实现的。因此，强大的群众组织力是党推动事业发展的根本力量。这是因为：

第一，强大的群众组织力有利于巩固党的长期执政基础。习近平总书记指出：要“把群众观点、群众路线深深植根于思想中、具体落实到行动上，着力解决群众最关心最现实的利益问题，不断增强人民群众对党的信任和信心，筑牢党长期执政最可靠的阶级基础和群众根基。”党员干部不断提高自身服务群众的能力，认真倾听他们的意见，积极解决他们遭遇的困难，让人民群众感受到最贴心的服务，赢得人民群众的认可，能够最大限度地把人民群众组织起来，使其思想统一，达到凝聚共识、形成合力的效果，形成听党话、跟党走的局面，增强党组织的凝聚力、号召力、组织力和战斗力，有利于巩固党的长期执政基础。

第二，有利于为实现社会主义现代化强国目标提供群众力量。建党百年之际，在党团结带领各民族和人民群众下实现了第一个百年奋斗目标，现在正向第二个百年奋斗目标前进。当前，距离第二个百年奋斗目标不到

三十年，这期间仍需要组织和引导广大人民群众，凝聚起建设中国特色社会主义事业发展的磅礴伟力。人民是历史的创造者，群众是真正的英雄。党同人民群众的联系问题是关系党生死存亡的关键问题，各级党组织必须始终坚持以人民为中心的发展思想，践行全心全意为人民服务的根本宗旨，必须把党的群众路线贯彻到治国理政全部活动之中，以确保我党有强大的战斗力和生命力，可以带领人民群众攻坚克难，一个一个地化解矛盾、一件一件地解决问题，打破重重阻力、消除种种疑虑、争取广大人民群众的大力支持，推动我党从胜利走向新的胜利，持续稳定向第二个百年奋斗目标迈进。

有利于应对与防范化解可能发生的重大风险和挑战。当今世界正经历百年未有之大变局，国际环境日趋复杂，不稳定性不确定性因素明显增加，新冠肺炎疫情影响广泛深远，世界进入动荡变革期，单边主义、保护主义、霸权主义对世界和平与发展构成威胁。我们面临的风险也是多方面的，有外部风险，也有内部风险；有一般风险，也有重大风险。重大风险既包括国内的经济、政治、意识形态、社会风险以及来自自然界的风险，也包括国际经济、政治、军事风险等。

面对这些重大风险挑战，中国共产党同样需要像过往一样，始终信任人民群众，领导他们一道前进，超越艰难险阻，获得无以复加的力量。

中国共产党初创时期，新生的马克思主义政党风雨飘摇，仅有 50 多名党员，然而在城市工人阶级的支持下，却成功领导和组织了轰轰烈烈的香港海员大罢工、17000 多人参与的安源路矿工人大罢工、京汉铁路大罢工等，使中国共产党作为一支独立的政治力量登上了历史舞台；土地革命战争时期，中国共产党打土豪、分田地，取得了中国广大中贫农的拥护，在他们的帮助下，中国共产党成功打破了国民党反动派的围追堵截，取得了历时两年，行程达二万五千里的红军长征的伟大胜利。

抗日战争时期，敌后广大人民群众因时因事因地制宜，采用地道战、地雷战、麻雀战、破袭战、围困战等各种游击战的形式打击来犯之敌，建立了 19 块抗日根据地，取得了平型关大捷、百团大战等战役的胜利，使日本侵略者陷入了人民战争的汪洋大海，有力缓解了前方主战场的压力，为抗日战争的伟大胜利书写了最厚重的一笔。

解放战争时期，人民群众积极参加和支援前线，据《中国共产党党史全鉴》记载，支前民工达 886 万人，出动担架 36 万余副，大小车 100 万余辆，为取得三大战略决战的胜利发挥了巨大的作用。

新中国成立后，中国人民以主人翁的姿态以高昂的热情投入到对农业、手工业和资本主义工商业的社会主义改造中，仅仅用了 4 年时间，就使我国的阶级关系发生了根本性变化，消灭了剥削制度，在中华沃土上建立起了新生的社会主义制度。在社会主义建设和改革开放新时期，中国人民在中国共产党的带领下，力量不断得到激发，不仅使中国的工业体系从无到有到强，还释放出惊天伟力，创造了改革开放 40 年经济持续增长的伟大奇迹。新时代十年，中国共产党和中国人民团结奋斗，完成了脱贫攻坚、全面建成小康社会的历史任务，实现了第一个百年奋斗目标，这是彪炳中华民族发展史册的历史性胜利，也是对世界具有深远影响的历史性胜利。

可见，中国人民有足够的智慧和力量，化解和防范党的事业发展道路上的各种艰难险阻。过去如是，未来也一样。我们要准确把握国际形势变化规律，认清中国和世界发展大势。既要看到前进道路上面临的风险挑战。也要深刻懂得实现中华民族伟大复兴是中国近代以来全部历史的主题。如今我们比历史上任何时期都更接近中华民族伟大复兴的目标，比历史上任何时期都更有信心、有能力实现

这个目标，中华民族伟大复兴已经进入了不可逆转的历史进程。

第三节 全媒体场域的形成与党组织群众方式的改变

中国共产党在长期的革命实践中形成和发展了党的生命线和根本工作路线，即党的群众路线。这一路线得以形成，归功于党领导的革命斗争和群众工作的实践，是马克思主义基本原理与中国革命和建设实践相结合的产物。1921 年 7 月，中国共产党在上海成立。当时，中国民主革命正处于

低谷期，党的建立也面临着重重困难。为了强化党的组织和工作，党员们秉承民主原则，坚持团结合作，根据党章规定，所有党务由党的第一代领导集体——中央局和中央执行委员会承担。在抗日战争时期，进一步深入研究和探索了群众路线的实践，中国共产党并成为抗日民族统一战线的领导核心，在充分发扬民主、倡导统一、调查研究、群策群力等方面加强了群众路线的实践探索。在党的抗日民族统一战线形成过程中，党员们深入群众，积极开展群众工作，发挥“以群众为基础”的原则。同时，党组织注重团结和协作，力求党政军民群众紧密团结，取得了抗日战争胜利。在新中国成立后坚决贯彻群众路线。在土地改革中，党组织依靠群众，充分发扬民主，进行调查研究，确定个体经济组、合作社等具体的组织形式，实现了“乡村包围城市”的战略目标。在新中国的革命、建设和改革过程中，党的群众路线得到了进一步的发展和深化。在群众性运动、组织工作、宣传教育等方面，始终贯彻群众路线，实现了群众的主人翁地位，发挥了人民群众的积极性和创造性，推进了中国现代化建设。进入新时代后，我党坚定不移地走群众路线。习近平总书记在多个场合强调，“全党要坚持全心全意为人民服务的根本宗旨，树牢群众观点，贯彻群众路线，尊重人民首创精神，坚持一切为了人民、一切依靠人民，从群众中来、到群众中去，始终保持同人民群众的血肉联系，始终接受人民批评和监督，始终同人民同呼吸、共命运、心连心。”新时代走群众路线是当前的根本要求和使命所在。作为建设新时代中国特色社会主义事业的重大战略，我们正在全面深化改革、全面依法治国、协调推进“五位一体”总体布局等多方面开展工作，将群众路线贯彻到治国理政之中。

可见，无论在任何历史时期和时代背景下，群众路线都是我们党根本的领导作风和工作方法，但群众工作的形式和内容却需要随着时代特点的变化而变化，只有这样，我党才能始终葆有强大的群众组织力，带领和团结全国人民完成时代发展课题，推动中国特色社会主义伟大事业不断向前发展，实现中华民族伟大复兴目标。那么，进入全媒体时代，如何才能让群众工作因应时势发展呢？从根本上说，人类任何社会活动中都有信息的传递和交换，人类任何活动也都是信息的活动。可以说，在党的各项群众工作中，自始至终都是信息的流动和交换，也完全可以通过信息技术手段完善和创新群众工作。当前，网络的迅速发展和普及，使我们置身于一个信息的海洋中，计算机也不再是高高在上，不可企及的高科技产品，而是普通得像电视和电灯一样，已经成为了我们每个人工作和生活中随时触手可及得的日常用品。面对全媒体时代这些重大改变，党的群众工作方式也要相应发生改变。譬如：红军时期宣传使用标语、手抄报等，今天就需要利用微博、微信做好宣传工作；又譬如：当年陕甘宁边区就地取材，采用“投豆子选举法”，那今天一样要做好网络问政。也就是说，全媒体时代践行党的群众路线，做好党的群众工作，就必须要根据时代发生的翻天覆地的变化，学会“数字化生存”，练就全媒体时代党的群众工作新本领。

一. 要求主流媒体引领方式发生改变

信息网络的发展，促使人类文明迈向以数字化、网络化为表征的媒介化发展新阶段。与报纸、广播、电视等传统媒体相比较，在新媒体技术支持下出现的媒介形态，如博客、网络杂志与微信平台、移动多媒体、数字电视、楼宇视频、网上即时通信群组、对话链和虚拟社区等新媒介构成了新媒体发展的主要内容和特征。网络技术以其特有方式催生和创造了一个没有强权和中心的、全新的、平等的信息空间，引起单向度交往到多元化交互的质变，传统的公众意见模式、观念模式、舆论模式都发生了重大的结构性变化，洋溢着个性化以及自由化的公共讨论使网络主体的精神得到“解放”。

第一，网络舆情表达的个性特征要求主流媒体引领方式发生改变。与传统媒体相比较，新时代的网络舆情表达具有四个主要特征：一是意见主体的隐匿、自由与差异性。通过网络平台发表意见一般门槛较低，甚至不需要提供真实的个人信息，人人只要愿意皆可表达而且不易被发现；二是传播渠道多元、共生、相互交错。微博、论坛、贴吧、博客、网络杂志、手机报与收集电视等都可以进行交叉互相传播，而且影响深远；三是网络信息内容海量、散乱、复杂、真假难辨。由于网络的自由性、开放性和个性化特征，在网络舆论中，理智与非理智、真理与谎言、理性与感性、建设性与破坏性重叠共存，真伪很难辨识；四是网络表达的快捷、方便、开放与平等。网民随时可以通过网络直接展示他们的快乐与愤怒等情绪以及表达对现实问题的看法与主张。信息网络突破了单向传播，时空阻隔以及互动不足的局限与羁绊，通过互联网的表达更加直白与开放，激发了人们对于网络舆情表达的热情与希望。网络信息时代，人们已经开始尝试通过新媒体表达政治参与、政治诉求以谋取利益。反过来，执政党的各种政治主张如果不通过全媒体进行传递与表达，也已经很难真正到达人民群众中间了。网络信息时代，信息增值和信息复制剧增，改变了群众的政治表达方式和渠道，民意可以通过各种形式充分表达，政治中的民主诉求范围越来越广，政治流通中的流量得以提升，政治沟通得以拓展。全媒体时代，个人能够在空前开放多元的虚拟社会中自由自在地对整个世界进行表达诉求，这也必然导致政党的政治表达要面临革命性变革与调整。互联网不仅为现实生活中的各个政治共同体提供了接触不同意见、表达不同观点进行辩论活动的平台与渠道，而且直接为虚拟政治共同体的表达、沟通提供了可能和机会。在这样的社会中，各种政治主张如果不通过全媒体进行传递与聚合，就很难形成有效共识的表达。

第二，去等级化去中心化的横向网络能够瞬时凝聚成强大力量。全媒体时代的政治表达，在一定程度上突破了传统意义上的自上而下的“压力型科层体制”的阻隔，各信息主体既是传播者，又是接收者，他们之间呈现出一种横向的合作关系，是去等级化、去中心化的网状的结构，各主体是自愿、平等地参与讨论与对话，并趋于共识。这种横向合作，一方面极大地调动了各参与主体的主动性和积极性；另一方面也成为网络平台得以有效运行的内在动力机制。对此，美国学者罗伯特·普特南（Robert Putnam）总结道：“横向的公民参与网络有助于参与者解决集体行动的困境，那么一个组织的建构越具有横向性，它就越能够在更广泛的共同体内促进制度的成功。”[①]通过横向网络可以把公民个体分散的力量聚集起来，把无数弱小的个人呼声转换为强大的集体呼声，形成集体行动，并且不断得到增强，

① [美]罗伯特·普特南．使民主运转起来[M]．王列等译．南昌：江西人民出版社，2001：206．

既改变了参与的方式，又增加了参与的深度。社会所有阶层、团体、组织和个人均可参与网络舆论传播与表达，各个阶级、阶层细分的人群和自己的代言人能很容易地在网络空间相遇，达成共识，迅速凝结成目标一致的行动力量。如：早在 2007 年著名的 PX 事件中，当年的厦门百万市民转发一条短信，5000 多人在公共利益与地方政府 GDP 利益博弈中，充分展示政治表达与政治参与的意愿。正如《南方周末》所评论的："在这场运动中，新技术为民意的组织贡献了力量。网络和手机短信将信息广为传播，将素不相识的市民凝集到一起。"①

二. 要求工作话语表达方式发生改变

即时通信技术的进步，使博客、微博、微信群甚至朋友圈都具有了自媒体的性质，极大地拓展了普通人的传播能力和话语空间，说话的自由度也得到了很大的提升；各种不同的社群、不同机构都会有一个相对偏中心性的话语点和话语权。语言背后是思想与行为。人人都愿意说话，人人都在说话，形成了真正的众声喧哗的时代。然而尽管人人都在发声，但相互交流与沟通的效果并不好。一方面是因为每个人都急于表达，却疏于倾听。另一方面是因为说话的人不知道该如何说话，要么言语粗鲁、强词夺理，要么自以为是、故意曲解，缺乏正确的态度。在这样的情境之下，无论是网上抑或是网下，中国共产党的执政话语权都不可避免地遭遇了挑战，但同时也为执政话语的转向提供了机遇。正如韩志明所言："政府与民政的话语都急剧地扩散，出现了前所未有的融会和碰撞，这既导致了行政话语某种程度的危机，也建设性地推动了话语格局的转向，并对社会的权力格局产生深远影响。"②

适应全媒体时代特点，重构群众工作话语模式。话语是思想的形式，蕴含着巨大的力量。如前所述，现代科技和社会历史的发展，使中国共产党传统的群众工作话语难以适应新的时代要求，进行党的执政话语重构，

---

① 苏永通. 厦门人：以理性烛照未来[N]. 南方周末，2007-12-27.
② 韩志明. 从"独白"走向"对话"——网络时代行政话语模式的转向[J]. 东南学术，2012（5）：76-87.

改变群众工作话语的表达形式已成当务之急。

首先，新的群众工作话语必须“接地气”。“接地气”是指群众工作话语应反映底层老百姓的利益、愿望和诉求，并学会使用他们的表达方式，内含了以下三层意思：一是话语实事求是，不“虚谈废务”，找出问题；二是话语贵贱无二，不打官腔，正视问题；三是话语敬畏百姓，不虚与委蛇，解决问题。早在 1942 年延安整风运动时期，毛泽东同志就指出：“要向人民群众学习语言”“表现实际生活”。2013 年，习近平总书记再次强调“要发扬理论联系实际的马克思主义学风，带着问题学，拜人民为师。”[①]因此，只有与人民群众打成一片，以人民群众为师，才能真正熟悉群众语言、擅用群众语言，群众就是“地气”，有“地气”才有底气。

其次，新的群众工作话语必须传递主流价值观。群众工作话语不仅是平衡群众情绪的“稳压器”，也有其作为“社会公器”的一面，是治国理政的杠杆资源，也是实现人民群众利益的有效手段。因此，我们推进群众工作，不能仅仅停留在和群众话语保持一致的情境上，还要实现官方话语的意识形态引导力，以其内蕴的社会主义核心价值观引领社会舆论，开辟崭新的政治话语视域。一方面，要从话语到思想上重建马克思主义的普遍信仰，不回避现实，敢于面对质疑，在各种社会思潮和多元差异话语中获得话语主导权，并内化于人民群众内心，使其转化为人民群众的自觉追求；另一方面，改变八股文风，以生动智慧、活泼易明的方式传达治国理念，为人民群众释疑解惑，不打官腔，勇于创新，最大限度地挖掘出最能传达时代精神和价值理念的既新颖又智慧的话语元素，以提升文化软实力。

最后，新的群众工作话语必须综合利用各种新媒体。网络新媒体的扩张使微博、微信、网络论坛、公众平台等网络空间成为了人民群众独立自主进行话语表达的“新公共领域”，话语权力的生成路径正在改变。新媒体形态具有隐匿开放性、瞬时互动性和深度聚合性的特点，在这种媒体环境中，一方面新媒体在党和人民群众之间架设起了一座空中桥梁，为党传播力的广泛提高提供了技术支持；但另一方面新媒体话语表达的自由化和多

---

① 陈锡喜．平易近人：习近平的语言力量[M]．上海：上海交通大学出版社，2014：256．

样化，加之不同文化不同思潮带来的激烈冲突，弱化了国家主流意识形态的影响力。有机遇有挑战，我们在进行群众工作时应注意在民间舆论场中强化主流意识形态的影响，尽量主动出击，减少被动性回应，使党在新的历史情境和新的技术环境中仍然能与群众心手相牵。

三. 要求宣传引导群众方式发生改变

历史上，中国共产党做好群众宣传工作是有着丰富的经验的。中国共产党的宣传对象广，面向的是全国人民，强调群众宣传群众。《中国共产党宣言》指明："一定要向工人、农人、兵士、水手和学生宣传，才成功。" 1928年7月，《宣传工作目前的任务》再次指出："应当尽量扩大群众煽动工作的基础，应当利用一切公开与秘密工作的可能，在工人、苦力，流氓无产阶级，农民，兵士，职员，学徒，小手工艺工人，小资产阶级知识分子特别是学生与小学教师中间加紧煽动工作。"除此之外，以最广大的劳动人民作为根基，中国共产党还将宣传工作深入到了最底层的老百姓中间。1926年，毛泽东同志在《国民革命与农民运动》一文中号召全体共产党员："到你那熟悉的或不熟悉的乡村中间去，夏天晒着酷热的太阳，冬天冒着严寒的风雪，搀着农民的手，问他们痛苦些什么，问他们要些什么。"

最重要的是，中国共产党做群众工作灵活机动，能做到具体问题具体分析，既因事因时因势进行宣传。一是能够采取所有能够运用的宣传工具进行宣传。井冈山时期，毛泽东同志领导的工农革命军通过"演讲、刷写宣传标语、带领群众打土豪"①，甚至对联、挽联等方式进行宣传，内容也很"接地气"，如："一根枪支开辟红色地区在今岁；万民团结推翻黑暗统治属当年。"②二是能对宣传主体要求共产党员人人都应是一个宣传者，平常口语之中须时时留意宣传。三是宣传语言面向人民群众，毛泽东同志指出，"要从外国语言中吸收我们所需要的成分""要学习古人语言中有生命的东西""如果我们没有学会说群众懂得的话，那末广大群众是不能领会我们的决议的。"四是能针对不同的人群，不同的形势，甚至突发事件采取

① 肖邮华. 井冈山革命斗争史展陈概览[M]. 北京：中央文献出版社，2010：78.
② 肖邮华. 井冈山革命斗争史展陈概览[M]. 北京：中央文献出版社，2010：153.

不同的宣传策略。人的思想是非常复杂的，机械的教条的宣传方法必定收效甚微，只有发扬中国共产党历史上灵活机动的宣传优势，利用一切可能的条件因时因势因事做好群众宣传工作才能引领人民群众坚定共产主义信仰。

全媒体时代的群众宣传工作，仍然需要传承这一宣传风格，即灵活机动运用多媒体进行宣传引导。一是及时发现国外媒体或个人所做的各种不实虚假的报道或帖文，迅速做出调查澄清事实，将影响降至最低。二是对发生的重大公共事件在官方网站或者微博第一时间告诉民众真相，避免因谎言导致更多的猜疑从而导致恐慌。三是进行广泛的舆情监测，对民众反响强烈的问题派出专门的调查组进行走访并给予积极反馈。四是转变社会价值导向。改革带来巨大物质成果的同时，也使社会一部分呈现了明显的逐利倾向，偏离了马克思所提出的终极目标：每个人自由而全面的发展，因此社会价值导向必须得到矫正。总之，党和政府应建立起自己的全媒体宣传平台，不仅被动地解决问题，还要主动树立起自身的舆论导向，夺取意识形态话语权重塑中国精神。

群众路线是我们党的根本工作路线和优良作风。在全媒体时代，群众就是网民，网民就是群众。党的领导干部要把全媒体和人民群众放在一起，实现党的优良传统和全球传播格局的完美结合，既要能面对面，也要能键对键，与时俱进，走好全媒体时代的群众路线。要深刻认识到：网民的情绪是真实的表达，网上反映的问题，不论是大的还是小的，不论是普遍性的还是个体性的，不论是和风细雨的还是忠言逆耳的，不论是原汁原味的还是渲染放大的，都是客观存在的，都需要理性对待、认真倾听，积极地做好化解和引导工作。对广大网民表达的情绪性意见，要多一些包容和耐心，强化正面引导，通过说在行的话、说在理的话，说贴心的话、说动情的话，说得体的话、说合适的话，说有见地的话、说有水平的话，运用“网言网语”来拉近和网民的距离，廓清纠正错误看法，化解网民情绪，让互联网真正成为传播正能量、唱响主旋律的重要平台。同时，还要主动经常上网，多关注网上民意的走向，多了解群众的所思所想。而更重要的是能够听得进，坐得住，对一些过头的话、刺耳的话能用真心、真情去面对，多出出汗，红红脸，有则改之，无则加勉，从批评和建议中找出价值所在。对于民意中一些中肯的意见和好建议要善于消化，该解决的解决，该改进的改进，不拖拉，不推诿，不打马虎眼。从而汇集民智，进一步改进作风，提高为民服务水准，提升党的群众组织力。

第一章　全媒体时代党提升群众组织力的理论基础

马克思主义唯物史观。其中，主张“人民群众创造历史”“历史伟人与普通个人作用”和“人的自由全面发展”等基本原理的马克思主义唯物史观是其理论原点；认为“实践和认识的主体是人民群众”“党的群众工作本质是‘交互认识’，强调主体间交互知识与交互信念，乃至达成共同信念与知识及其动态变化过程”等基本观点的马克思主义认识论是其理论支点；反复重提“贵民”“重民”“富民”“为民”“顺民”“从民”等优秀民本思想的中华优秀传统文化是其理论重点；党在革命和建设时期形成和发展起来的“一切为了群众，一切依靠群众，从群众中来，到群众中去”的群众路线理论，特别是以习近平同志为核心的党中央提出的新时代群众工作理论是其理论要点；国内外关于全媒体产生的时代变革、基本特征、核心技术应用以及发展前景等的相关理论等是其重要的理论参考点。

第一节　马克思主义群众观

关于社会历史，很长时间以来很多人都认为是英雄人物或者帝王将相的历史，充斥着历史唯心主义的迷雾，直到马克思提出了——历史唯物主义，简称唯物史观。在《德意志意识形态》中，马克思和恩格斯明确指出，一切历史的第一个前提是：“人们为了能够‘创造历史’，必须能够生活。因此，第一个历史活动就是生产满足这些需要的资料，即生产物质生活本身，而且这是这样的历史活动，一切历史的一种基本条件，人们单是为了能够生活就必须每日每时去完成它，现在和几千年前都是这样。”①马克思的唯物史观认

① 中共中央马克思恩格斯列宁斯大林著作编译局. 马克思恩格斯选集（第1卷）[M]. 北京：人民出版社，2012：158.

为："物质生活的生产方式制约着整个社会生活、政治生活和精神生活的过程。不是人们的意识决定人们的存在，相反，是人们的社会存在决定人们的意识。"①

一．唯物史观认为"人民群众创造社会历史"

社会存在包括物质资料生产方式、人口因素和地理环境。其中起决定作用的是由生产力和生产关系的统一体构成的物质资料生产方式，而在统一体内起基础作用的又是生产力。换言之，人们在社会生产实践形成的改造自然界以满足人类生产生活需要的物质力量——生产力是全部社会历史的基础，具有最高决定意义。生产力由劳动者、劳动资料和劳动对象三个实体性要素构成。劳动者是三者中最活动的因素，而劳动资料和劳动对象只有与劳动者相结合，才能实现自身的意义。因此，物质资料生产者的智慧和能力决定了社会发展的深度和广度。也就是说，人民群众创造了社会历史。对此，马克思、恩格斯在与鲍威尔兄弟的论战中旗帜鲜明地指出：决定社会历史前进方向的是"行动着的群众"②。

唯物史观这一结论为中国共产党提出自己的群众路线奠定了可靠的理论基础。正因为人民群众是社会历史的创造者，是社会物质财富和精神财富的创造者，是社会革命和社会变革的决定力量，所以中国共产党的一切工作必须以人民群众的需要为至上原则，以人民群众的利益为最高利益，"一切为了群众"。同时，党的一切工作都是围绕群众展开的，而人民群众总是在不断地推动社会历史向前发展，因此，中国共产党只有密切联系群众，"一切依靠群众"，充分发挥自身的凝聚力、战斗力和创造力，才能取得中国特色社会主义建设事业的伟大成功。

党的十八大以来，以习近平同志为核心的党中央始终坚持以人民为中心的发展思想，把国家的奋斗目标、民族的向往追求、人民的美好期盼融

---

① 中共中央马克思恩格斯李恩斯大林著作编译局．马克思恩格斯文集（第 2 卷）[M]．北京：人民出版社，2009：591-592.

② 中共中央马克思恩格斯李恩斯大林著作编译局．马克思恩格斯文集（第 1 卷）[M]．北京：人民出版社，2009：287.

为一体，赋权于人民、赋能于人民，满足人民群众在经济、政治、文化、社会、生态等各领域的需要，不断提高人民的素质和能力，真正实现人民当家作主。同时，我们党始终尊重人民的主体地位，紧紧依靠人民创造历史。谋划发展，最了解实际情况的是人民群众；推动改革，最大的依靠力量也是人民群众。消除绝对贫困、全面建成小康社会是依靠人民实现的，抗击新冠肺炎疫情的坚固防线是依靠人民齐心协力筑建的，实现共同富裕需要每个人稳扎稳打、步步为营……克服困难挑战、成就伟大事业，无不需要从人民中汲取智慧力量。

二. 唯物史观揭示了人类社会的最高发展形态

“自由的人”是马克思、恩格斯等马克思主义经典作家对生活在共产主义“自由王国”中的新社会主体的称呼，它既是对“自由王国”成员的基本特征的描述，也是人类对自身发展前景的美好向往。关于“自由的人”的特征，马克思恩格斯总结了四个特征。

首先，“自由的人”是有自由时间并通过它来发展自身的人。不论是作为闲暇时间还是从事高级活动的自由时间都一定会将占有它的人变成另一主体，并且让这一主体加入直接的生产过程。于成长中的人而言它既是训练，也是知识的运用和实验，是具有物质创造力的科学。事实上，在人类社会发展中，人总是不断地在自我认知、自我选择和自我创造中发展自我和超越自我，通过学习和实践、创造与生活，以实现自为地存在、自主地创造、自觉地实践、自由地生活，最终实现自由全面发展和美好幸福生活的价值目标。

其次，“自由的人”是“世界历史性的，经验上普遍的个人”。“地域性的个人为世界历史性的、经验上普遍的个人所代替”①，共产主义事业只有作为世界历史性的存在才能实现，而每个个体的世界历史性的存在也是直接联系着世界历史的每个个体的存在。只有摆脱了狭隘的地域性，与整个世界的物质生产和精神生产实际地联系在一起，获得全球性的全面的生产

① 中共中央马克思恩格斯列宁斯大林著作编译局. 马克思恩格斯选集(第1卷)[M]. 北京：人民出版社，2012：166.

和创造的能力的人才是自由的。

再次，“自由的人”是完整的全面的占有自己本质的人。人对于私有财产的积极扬弃不是直接的、片面的享受，而是为了人并且通过人对人的本质和人的生命、对象性的人和人的产品的感性的占有，以一种全面的方式，作为一个完整的人，占有自己的全面的本质，是通过自己的对象性关系，即通过自己同对象的关系而占有对象。

最后，“自由的人”是可以根据兴趣发展自身各方面才能的人。在共产主义社会里，“任何人都没有特殊的活动范围，而是都可以在任何部门内发展，社会调节着整个生产，因而使我有可能随自己的兴趣今天干这事，明天干那事，上午打猎，下午捕鱼，傍晚从事畜牧，晚饭后从事批判，这样就不会使我老是一个猎人、渔夫、牧人或批判者。”[①]“自由王国”的生产力高度发达，人们可以按需分配，不用为了生存去生产，每个人的工作都是自觉自愿的，生活在“自由王国”的“自由的人”就是这些可以根据兴趣发展自身各方面才能的人。总结来说，共产主义王国就是由“自由的人”主宰的“自由王国”，共产党人以实现共产主义理想（“自由王国”）为最高目标，因而首先必须造就“自由的人”。唯物史观对人类社会最终走向共产主义社会的揭示、对实现人的自由全面发展最高价值的追求，要求我们党必须坚持“一切为了群众”，把践行全心全意为人民服务的根本宗旨摆在第一位。“一切为了群众”与党的根本宗旨和最高价值追求是高度统一的。人的发展是最根本的，人的经济、政治、文化、社会、生态等权益归根到底是为人的发展服务的。我们党践行全心全意为人民服务的根本宗旨，说到底就是为了促进人的发展。

三. 唯物史观主张“社会主义国家的一切权力都属于人民”

唯物史观认为，人民是国家的主人，社会主义国家的一切权力属于人

---

① 中共中央马克思恩格斯列宁斯大林著作编译局. 马克思恩格斯选集（第 1 卷）[M]. 北京：人民出版社，2012：165.

民，马克思主义执政党的执政地位是人民赋予的，但不是一劳永逸的，马克思主义执政党必须自始至终接受人民的监督。对于执政党来说，人心向背是最具决定意义的因素，如果人民不拥护、不支持，无论掌握多么强大的国家机器，最终都会被人民抛弃、失去执政地位。纵观历史，“其兴也勃焉，其亡也忽焉”的周期率，表面上反映的是不断重复的政权兴替，实质上是人民群众不断选择新的利益代表和政治代表的历史现象。马克思主义执政党只有始终保持同人民群众的血肉联系，坚持“从群众中来，到群众中去”的工作路线和领导方法，才能保持自己的性质、宗旨和本色，保持先进性、纯洁性，得到人民群众的拥护和支持，从而跳出历史周期率，实现长期执政。正是基于唯物史观对这一历史发展规律的真理性认识，我们党始终强调党的先进性和党的执政地位都不是一劳永逸、一成不变的，过去先进不等于现在先进，现在先进不等于永远先进；过去拥有不等于现在拥有，现在拥有不等于永远拥有。我们党的最大政治优势是密切联系群众，党执政后的最大危险是脱离群众。

早在中国共产党成立之初，中国共产党第一次全国代表大会将中国大地上新生的马克思主义政党命名为“中国共产党”之时，就极其清晰地将这一政党的行动纲领确定为“革命军队必须与无产阶级一起推翻资本家阶级的政权。”[①]这充分说明，中国共产党是无产阶级的政党，是中国工人阶级的先锋队，代表了中国无产阶级的根本利益。中国共产党的根本利益和广大人民群众的根本利益是完全一致的，中国共产党的根本利益就是广大人民群众的根本利益。

唯物史观认为：人民群众是一切推动社会历史前进的人们，在不同的历史时期内涵不同。从马克思恩格斯视野中的“工人群众”到“工农联盟”，再到列宁的“全体劳动者”，以及“以劳动人民为主体的最广大人民群众”等，虽然外延不同，但都具有一个基本的内核——劳动人民。劳动人民是人类物质财富的创造者，人类精神财富的创造者，也是社会变革的决定力量。这就意味着中国共产党人的执政标准必须以以劳动人民为主体的最广大人民群众的所思所想所需为出发点和落脚点，才能实现中国共产党人自

① 中共一大纲领起草委员会．中国共产党第一个纲领[J]．新湘评论，2018（1）：60-61．

身的利益，才能推动社会历史向前发展。事实上，中国共产党人也是这么做的，这一标准被写入了中华人民共和国的根本大法——《中华人民共和国宪法》并明确规定："中华人民共和国的一切权力属于人民。"①

政党是"代表一定阶级或阶层的利益为实现自己的目标和理想力求取得和保持国家政权而进行活动的政治组织"②，执政党是"领导和掌握国家政权的政党。"③据此，从政党的视角来看，中国共产党代表的是以劳动人民为主体的广大人民群众的根本利益，其活动的目的就是为了实现他们的目标和理想；从执政党的视角来看，中国共产党领导和掌握了国家政权，而中华人民共和国的一切权力属于人民，那么就法理而言，中国共产党就是中国人民的执政委托人，其权力来源于人民。中国共产党如果不能取得与此地位相称的人民群众基础，那么这种受权就很可能会因面临受权人的强烈反对而被迫失去。可见，执政党的生存和发展是与其执政基础息息相关的，如果执政党能够代表自己所属阶级的政治立场和根本利益，就能取得其阶级的拥护和支持，执政基础稳固；反之则难以执政。因此，中国共产党代表的是以劳动人民为主体的广大人民群众的根本利益并受权于人民，这决定了中国共产党必须坚定践行群众路线，以实现人民群众所追求的目标和利益需求为执政标准。

第二节　马克思主义认识论

如前所述，全媒体时代党提升群众组织力的理论基础中，最根本的理论根据无疑是历史唯物主义的群众史观，彰显了历史本体论意义，突出了人民群众是历史活动的主体，也是历史创造的主体。提升群众组织力必须贯彻党的群众路线，做好群众工作。而群众路线的最高目标是人民群众当家作主。"一切为了群众，一切依靠群众，全心全意为人民服务"是群众路

① 中华人民共和国宪法起草委员会．中华人民共和国宪法[M]．北京：法律出版社，2018：5．
② 钟清清．世界政党大全[M]．贵阳：贵州教育出版社，1994：974．
③ 钟清清．世界政党大全[M]．贵阳：贵州教育出版社，1994：972．

线的根本价值取向，就是它的价值论意义所在。“从群众中来，到群众中去”这是群众路线的思想路线和工作路线，一般认为，这与“从实践中来，到实践中去”是完全吻合的，是实践观的具体应用。在认识论意义上，群众工作更是一种“交互认识论”的生动体现，彰显了本体论、认识论与辩证法的一致，突出了人民群众在认识中的主体性作用，强调了主体间的交互知识与交互信念，乃至达成共同信念与知识及其动态变化过程。

一. 交互认识论突出了群众的主体性地位

在传统的认识论框架中，把认识主体与认识客体作为认识的对偶范畴，把认识当作是主体通过实践变革客体来能动地认识客体，我们不否认它在人与自然的对立中的认识论意义，但是在人类社会中，在主体与主体之间的相互交往，互为前提，相互作用，相互交流的认识过程中，这种模式就显得不够用了，它不足以反映主体间的互动认知关系。如果我们把群众工作的认识论基础放到传统认识论框架中去，势必将群众工作中的党群关系、干群关系中的党员干部作为认识的主体，而群众就只能作为认识的客体了。在这种框架，我们就可能看不到群众的主体性作用与意义，说明不了丰富多彩的主体间相互作用的认知关系和内容。

交互认识论有三个基本原则：一是主体（间）性原则，交互认识是交互主体相互作用之间的认识问题，各主体都具备认知的主体能动性；二是对等性原则，这个原则是主体（间）性原则的扩展，由于是主体之间相互作用的认识关系，在认识上遵循对等原则，在原则上设定没有认识能力上的高低优劣区别，在逻辑上主体之间都是平等的认识关系；三是互动性原则，这条原则说的是主体与主体之间的认识，是通过互动来进行的，我对你的认识是通过你对我的认识这样不断的交换关系中产生的，交互认识是动态变化的。

交互认识论与传统的认识论框架不同，它把重点放到了多主体之间的动态相互认识，而不像传统的认识论设置在一个主客体对立的认识论理论框架中。主客体的认识关系的框架是主体能动地作用于客体，变革客体，认识客体，客体是被动的或受动的一方，客体没有认识主体的“权利与义务”及其要求，客体没有“主体能动性”。而在交互认识论中，多主体之间是平等的认识主体关系，都有认识的主体能动性，而且主体的任何一方都会考虑另一方主体的认识与可能发生的认识变化或可能采取的行为。在这一点上，主体间的交互认识是不能还原为主客体认识论关系的，因而交互认识论有它独特的存在意义。交互认识论是主体间性的重要展开，主体间性体现了通过交互交流与沟通彼此认识对方，了解对方，体现了这种主体间不可分隔的关系特质。

在社会历史领域里活动着的人都是一些有意识、有意志、有目的追求着自己的利益的人，历史就是人们自己创造的，这些人彼此交往，相互影响、相互作用，由于交互认识论体现的是主体间的认识关系与认识方式，而在社会历史领域，只有通过社会历史主体间的交互认识才能把社会历史中的认识论与社会历史本体论完美地统一起来。把交互认识论作为做好群众工作的认识论形态，突出了群众工作本身的本体论意义，也突出了人民群众创造历史动力的根源。历史本来就是人民群众创造的历史。习近平总书记深刻地指出“要坚持党的群众路线，坚持人民主体地位”，这两个坚持是互为前提的，是同一个问题的两个方面，通过交互认识论能使两个坚持达到一致。

提升党的群众组织力，需要摒弃主客体的认识模式。因为主客体模式把群众当作认识的客体或认识的对象，而不是要把群众作为认识的主体。如果把领导与群众当作主客体关系，那么在主客体关系中，主体是主动靠近客体，而客体只是被动地展示自己；在实践关系中，客体则是主体实践和改造的对象；而价值关系中，客体则是满足主体的需要。因此，做好群众组织工作不能仅仅将党群关系、干群关系视为主客体关系，从本质上来说，更多体现的应该是双主体或多主体间性的关系。

做好群众组织工作只能是立足于群众是历史活动的主体，群众也是认识活动的主体。列宁曾经在《哲学笔记》中，要求本体论、认识论与辩证法三者的一致，论述了三者一致的必要性和可能性。那么我们在组织群众的工作中，从哲学意义上，我们只有将交互认识论作为提升群众组织力工作的认识论原则，才能够在逻辑上把历史唯物主义从本体论、认识论和辩证法上将三者统一起来。交互认识论在认识论意义上保持历史唯物主义的本体论意义，体现群众是真正的英雄，是历史活动的主体，也是认识活动的能动者，并且它也在认识论意义上保持辩证法的活的灵魂，每一次的交互认知，都使双方的了解更多一些，更深入 一些。如果我们进一步延伸，群众组织工作的方法也必须是在交互认识论指导下来进行。交互认识论亦作为群众工作的思想方法，转化为工作方法，则要求多与群众交朋友，多与群众相沟通。任何视群众为群氓，视为“只可使由之，不可使知之”的草民，都无法真正做好群众工作。正如毛泽东同志说的“细心地倾听群众的呼声；每到一地，就和那里的群众打成一片，不是高踞于群众之上，而是深入于群众之中”，凌驾于群众之上，只是把群众当作认识的对象，当作一种“对立面”，而不是“共同体”，那么就不能真正地实现对等的交互认知，不能真正体现出群众是历史活动的主体的认识论路线。

交互认识的基础是交往关系的存在。领导与群众总要处在一定的物质生产交往、生活交往之中，处在一定的经济、政治、文化的交互关系之中，或者说处在一定的利益关系之中，群众与领导之间的相互认识是一个客体存在的事实，问题是能不能正确地认识它。即使在利益相互冲突的情况下，也会产生交互认识，如果领导与群众离心离德，只会导致群众对领导的信念产生怀疑而会出现其他对策。领导只有从立场态度，从世界观上，或者说从哲学本体论意义上把群众视为认识主体，才可能正确了解群众的认知与信念，才可能集中群众的意见。如果领导者在与群众交流的过程中，只是把自己作为认识的主体，把群众当作认识的客体，那就不可能得到正确认识，不可能达到知己知彼，群众也不可能与其同心同德。群众路线告诉我们，领导与群众的认识交流中，只有把自己作为群众的一员，这样才能与群众“同呼吸共命运”，共认知，共理想，共行动。

由于交互认识论在认知上的对等原则，那么这就要求我们做群众工作时需要换位思考。在交互认识论中，“局中人”为了确定自己的策略和行为都会站在对方的角度去思考各种可能性，并做出自己应对的最优的选择，这种过程会随着路径的展开而不断地产生。在组织群众过程中，由于领导和群众关系是主体间关系，那么换位思考就成为可能。换位思考不但是可能的，而且是必要的。在交互认识过程中，干部、领导的行为会反映出他们对待群众的态度，群众也会作出应对的反映。在换位思考过程中，也会产生双方的理解与共识。换位思考是获得共同知识的手段，换位思考在这里就是要站在自己的对方去思考，这样才能正确认知对方，并对自己的行为作出选择。在这个意义上，领袖也是群众的一员，而不是采取居高临下的态势去与群众进行交谈访问，在认知上不是设置一个主客体对立的双方，只要在心灵与情感上保持与群众的同心同德，在态势上与认知上保持与群众的共视同听，群众也不将领导放到对立的一面，那么他们就达到了主体间的一致。在交互认识论模型中，领袖与群众都是认识主体，都是交互认识中 的"局中人"，在这方面他们是平等的认识主体。

二. 通过交互认识达成党群间的共同知识与共同信念

共同知识与共同信念在交互认识中是不断地发生着量的扩展的概念，我们在这里所说的通过交互认识达成党群之间的共同知识与共同信念，是指交互认知过程中新达成的扩展了的。在交互认识论中，作为主体间认识前提的第一个"共同知识"，是认识主体的"一方知道另一方有理性认识能力"，"各方道各方有理性的认识能力"，各方都知道"各方都知都知道各方有理性的认识能力"，如此等等。交互认识论认为，"共同知识"是交互认识论的前提与结果。交互认识的初始前提的"共同知识"，即相信 "各方都知道各方有理性的认识能力"。

同样，提升群众组织力必需有一个初始的共同知识和共同信念。做好群众组织工作最基本的前提是作为主体的领导一方与作为主体的群众另一方在可能性世界的状态空间中有一个共同的知识域，有一个双方都知道的信息分区，在这个信息分区中必须是领导与群众都具备的共同知识。在领导与群众的双主体相互交流或互动过程中，首先必须有一个共识，这个共识就是初始条件的共同知识，然后在不断交往交流中，扩展共同知识的范围，使共同知识域增大。在群众工作的认识中，领导与群众作为交互认识框架中的局中人形成一个信息分区或知识分区，这个信息分区是交互认识中的共同知识。

我们把 Ω 定义为世界可能状态的集合，把认识主体（ i ）作为交互认识中的局中人，用一个知识算子 KiE 来表示“认识主体 i，知道事件 E”，局中人的知识算子 K 映射这个可能性世界 Ω 的状态空间的知识，为 Ω 的另一个子集。交互知识状态空间模型，使得它不仅代表每个局中人都知道这个世界范围，而且每个局中人知道其他人知道这世界范围。这类知识——知道别人知道的知识——被称为交互知识。

这是多层次的交互知识。在群众和领导的交互认识中，如果我们把模型简化为两个主体，领导干部这一主体让群众了解自己的认知、信念与意向，反过来群众干部这一主体让领导知道自己的认知、信念与意向，因而彼此获得交互知识。在交互认识中，主体间通过互动获得交互知识达到对 Ω 的认知。交互知识是获得共同知识的前提，也是共同知识的结果，共同交互知识我们就可以得到共同知识。在这个共同知识的基础上，扩展共同知识的知识域。

做好群众组织工作，在领导——群众的多主体的认知中还必需有共同信念，这个信念是彼此了解的，相互信任的，“我相信你也是相信的”而且由此产生了一个“共同信念”。毛泽东同志指出，做好群众工作，“我们应当相信群众，我们应当相信党。这是两条根本的原理。如果怀疑这两条原理，那就什么事情也做不成了。”这就是互信，在群众组织工作的认识框架中，领导相信群众有这样的认知能力，群众也相信领导有这样的认知能力，这是一个基本的认知互信前提，没有这个前提往后的认知不可能产生，当然互信与共同信念还是有所区别，互信是指你相信我，我相信你，共同信念是指你相信我相信，并且我相信你也相信我相信，你相信我也相信你相信，如此等等。在群众组织工作中，党群关系中这就是达成了这样一个共同信念的状态，其认识论也必然要有这样一个“共同信念”，这也是“充分相信群众”的重要理论依据。什么是“充分相信”？“充分相信”就是由互信达到共同相信或“共同信念”。“共同信念”在领导与群众的交互认识中起着很关键的作用，交互在组织群众的认识中，群众也充分相信领导，领导与群众之间达到这种共知互信，是进入交互认识的前提。当然毛泽东同志所说的两个相信的原理，不仅指认知能力的互信和共同信念，还包含着价值取向的共信。胡锦涛同志指出，做好群众组织工作“要在增进信任下功夫，坚持相信群众、虚心听取群众意见，尊重人、理解人、关心人，做到以理服人、以情感人、使自己成为群众的贴心人。”交互认识论把认知主体的“知识——信念——行为”结合在一起来分析并付诸行为。能不能达成共同知识，往往决定着“局中人”的行为策略。胡锦涛同志指出，“要在密切联系群众上下功夫，深入基层、深入群众，深入浅出宣传党的路线方针政策，把实际情况和工作部署讲清楚，了解群众疾苦，了解群众所思、所盼、所忧，做到人对人、面对面、手拉手、心连心做群众工作。”这种做群众工作的方式也是取得群众信任，了解群众信息的方式，只有这样才能取得党与群众的“共同知识”“共同信念”。博弈论学者拉斯缪森描述了这样一个模型，在某市场中是强者进入还是弱者进入，由于局中人缺乏某些信息的共同知识，就会导致不同的选择和结果。在这个模型中，“如果进入者是强者是共同知识，那么进入者将会进入市场，在位者会选择合作。当两个局中人都知道进入者的类型，但这一信息不是共同知识时，进入者将选择不进入市场，尽管如果进入者进入市场的话，在位者将会选择合作。我们可以从这个例子中看出共同知识的重要性。”①共同知识与共同信念是相伴而生，相互依赖、相互支持的两个方面，对于行为者也是相继相随的，“听其言而观其行”(《论语·公冶长》)，“言必信，而行必果”(《论语·子路》)，言行是主体间获得认知信息的重要通道，交互认识论重视主体的言行，放入到认知系统中去，一个值得相信并产生结果或效用的言论才会形成信念，才会对主体产生知识。

一切空话都是无用的”，只有在群众工作的过程中，在党群关系的交互认识中，集中群众的需要、愿望与利益诉求化为我们党的路线、方针和政策，然后将其路线、方针和政策向群众宣传、落实，变成“局中人”的共同知识和共同信念，这样才会达到理想一致的效果。

三. 领导与群众间的交互认识是不断深化的动态过程

提升党的群众组织力需要一个过程，一个动态变化不断深化的过程。

① [美]艾里克. 拉斯缪森. 博弈与信息[M]. 王晖等译. 北京：北京大学出版社，2003：168.

交互认识论也可以称为主体间的互动认识或动态的认识，它突显出过程的动态变化性。交互认识论的特点在于，当主体间发生认知关系的同时，作为主体间认识的客体对象是在发生着变化的，这种变化包括认知、信念和意向的变化，认知信息不是一种不变的矢量，而是一种变化着的非线性的量。中国共产党是最高政治领导力量，要发挥党的政治领导作用，就必须把群众组织起来，引导群众听党话、跟党走，不断夯实执政的群众基础。要做到这一点，需要广大党员干部深深扎根群众，始终相信群众，积极发动群众，广泛依靠群众，有效组织群众，最大限度凝聚起群众的力量，激发群众的积极性主动性创造性，引导和发动群众投身中国特色社会主义伟大事业之中。

毛泽东同志最先提出了群众路线及其动态变化的过程。他指出，将群众的意见集中起来，化为系统的意见，又到群众中坚持下去，在群众的行动中考验这些意见是否正确。如此循环往复，使领导的认识更正确、更生动、更丰富。这就是马克思主义的认识论。值得注意的是，毛泽东同志把这种交互认识论形态直接指称为马克思主义的认识论，这是一个非常重要的思想。我们需要进一步的阐释它的意义，因为它揭示了这种主体间的互动认识，揭示了这种社会历史认识论与社会历史本体论相一致的原理。

做好群众工作要坚持真理修正错误，不断更新信息、注意信念修正，在干群关系、党群关系中不断发生良性的互动。交互认识论有两个方案表现出“动态转向”，一个是 AGM 的信息更新和信念修正理论，一个是 DEL 的动态认知逻辑。AGM 通常处理单个主体和事实的信息，当然 AGM 中的个体也是发生在交互认识过程的个体;而 DEL 处理的是多主体的交互作用。在开展群众工作的过程中，一定要随着时间条件和地点的变化而不断更新信息，因为无论是领导还是群众在社会实践中都在接受新事物新现象以及事物与现象的新变化。由于信息更新而产生的信念修正，由不知到知，由知之不多到知之甚多，由对现象的认识到对本质的认识。例如，我们对计划经济和市场经济的认识，就产生了一个信念修正，过去我们认为社会主义就是计划经济，资本主义就是市场经济，随着改革开放的发展，使我们认识到计划与市场都是资源配置的手段，而不是社会主义与资本主义的本质区别，于是就产生了一个“社会主义市场经济”的新信念。“一般地，新信息不会改变原子事实，但会改变主体的知识或无知。”①这个事实是逐步认识到的，或者说在事物发展过程中逐步出现的。于是我们大家都有了“社会主义市场经济”这一新的共识，这一共识就是在保持社会主义经济基础这一框架条件下达成的，社会主义经济基础的框架条件就是坚持社会主义公有制占主导地位，这就相当于拉卡托斯的科学研究纲领中所说的框架中的硬核，这是不容反驳的，计划还是市场是即它们都是资源配置的手段与方式这样一个“硬核”不受伤害的“保护带”下推进的。

全媒体时代提升党的群众组织力，组织好群众，宣传是必要的，公开宣传党的方针政策是一种信念更新、信念修正与信念确立的必要手段。正是在这种信息更新与信念修正中，领导与群众的共同的信息域和知识域在不断地扩大增长。

第三节 中华优秀传统文化

中华传统文化发端于百家争鸣的春秋战国“轴心时代”，经由秦汉时期的文化一统实现儒学独尊，随后走过了两汉经学、魏晋玄学、隋唐佛学、宋明理学、明清实学时期，今天正日益散发出勃勃生机，与西方先进文化互为映衬，共同成长。中华优秀传统文化是中华民族的“根”和“魂”，其中的民本思想闪耀着智慧的光芒，包含民本思想在内的中华优秀传统文化是全媒体时代党提升群众组织力的重要理论来源之一。

一．中国传统民本思想中的“贵民”“重民”思想

民众是国家与政治的根本和基础，为人民服务是我们党政治活动的目的与价值。弘扬重”贵民”“重民”思想要求干部进一步强化为人民服务意识，保障民众的民主权利，促进民众利益的实现，不断提高社会治理水平和执政水平。

① [荷]约翰．范本特姆．逻辑、信息和互动[M]．刘奋荣等译．北京：科学出版社，2008：232.

所谓“贵民”“重民”，是指中国历史上将民众视为治国安邦根本的政治学说。“贵民”“重民”的核心理念是以民为本，其基本理论主张是民为国本、本固邦宁，在实践中表现为用利民、养民、富民、教民等手段来进行统治。重“贵民”“重民”是中国优良政治传统，是政治活动最终追求的目标，也是实现天下大治的根本。

“贵民”“重民”思想肇端于儒家所崇奉的“三代之治”，即夏、商、周时期的“重民”“保民”意识，“皇祖有训，民可近，不可下。民惟邦本，本固邦宁”(《尚书》)。民众是国家的根本，人君只有爱民、利民、取信于民，统治的根基才能牢固。孔子认为，“为政以德，譬如北辰，居其所而众星共之”，“修己以安百姓”，他还指出，“宽则得众”，强调对民众要宽容，实行保民、惠民、富民政策。孟子对”贵民”“重民”思想做了系统发挥，提出了“民贵君轻”的思想，指出“民为贵，社稷次之，君为轻”，“天下之本在国，国之本在家，家之本在身”，并得出“得其民，斯得天下矣”的结论。荀子继承了孟子的”贵民”“重民”思想，他不仅用“舟”与“水”的关系比喻君与民的关系，而且指出“天之生民，非为君也；天之立君，以为民也”，将君与民的关系提升至“立君为民”的高度。

中国传统民本思想中的“贵民”“重民”思想，强调了“民”对于“定国安邦”的重要作用。早在《尚书·五子之歌》中，大禹的后人就曾发出了“民惟邦本，本固邦宁”的慨叹，而今天，习近平总书记已将其列为中华文化核心理念的第一条；随后，孔子提出“仁者爱人”“修己以爱百姓”等命题，奠定了儒学亲民爱民的传统，在此基础上，孟子进一步加以强化，提出“民为贵，社稷次之，君为轻”的“民贵君轻”思想，奠定了“民”在“君”和“国家”中的重要地位。到了明清之际，儒家的民本思想发生了变化，有了民主启蒙的意味。认为万民的忧乐要高于王朝的兴替。如黄宗羲在《明夷待访录》书中就犀利指出：“天下之治乱，不在一姓之兴亡，而在万民之忧乐”[①]。中国传统文化中的“贵民”“重民”思想警示我国封建王朝的统治者要以民为重，要仁政爱民，要民贵君轻，要以民为本，和党的群众工作目标具有内在一致性。但二者截然不同的地方在于，中国传

① 黄宗羲. 明夷待访录[M]. 北京：中华书局，2011：68.

统民本思想中“民”的地位永远也没有办法达到群众路线中“群众”的高度，这是由双方的阶级立场所决定的。

二. 中国传统民本思想中的“富民”“为民”思想

中国传统民本思想中的“富民”“为民”思想，体现了维护“民”的经济利益，实现百姓富足安康对于国家稳定与发展的重要性，和我党践行的“一切为了人民”“维护人民群众的利益是最高原则”等理念具有很好的借鉴意义。中国的“富民”思想较早可追溯至《尚书》，其中的“重农裕民，安民利民”和“敬德保民，明德慎罚”等内容后世的富国保民思想产生了深刻影响。先秦时期，孔子、孟子、荀子、管子也都先后明确提出过自己的“富民”观点。如孔子的“百姓足，君孰与不足？”（语出《论语·颜渊》），孟轲的“易其田畴，薄其税敛，民可使富也。”（语出《孟子·尽心上》），荀况的“王者富民”（语出《荀子·王制》）和“以政裕民”（语出《荀子·富国》），管仲的“凡治国之道，必先富民”（《管子·治国第四十八》）等。汉代以后，贾谊、董仲舒、司马迁、傅玄、魏征、李觏、王安石、丘濬、魏源等也都主张“富民”“裕民”。在中国传统民本思想中，要求统治者施行德政，减免赋税，不与民争利，藏富于民等富民才能强国的思想，无疑是其中的精华。这一思想在中国共产党的群众路线理论中得到了很好的继承。党的群众路线认为中国共产党是代表人民群众利益的，党的根本任务和最高原则就是维护人民的共同利益，实现、维护和发展好他们的根本利益是党的根本宗旨，“利为民所谋”，离开了人民，党的一切理想都将落空。这就决定了中国共产党践行群众路线的出发点和落脚点都只能是“一切为了人民”。“一切为了人民”既包含了中国传统的“富民”“为民”的民本思想元素，又从物质内容、精神境界、立意追求等方面得到了扬弃和超越，源自于它，却又远远高出于它。

三. 中国传统民本思想中的“顺民”“从民”思想

中国传统民本思想中的“顺民”“从民”思想，显示了尊重民意、顺应民愿从而赢取民心的重大作用。早在武王伐纣时，其誓言中就有“天视自我民视，天听自我民听”的句子，意思是说老百姓所看到所听到的就是天意，所以“民之所欲，天必从之”。儒家始祖孔子也劝诫王者采取德政，这样就会：“譬如北辰，居其所而众星共之。”（语出《论语·为政》）如果去做违背民心的事情，譬如为贪欲而发动战争，武力征服其他国家或地区，就会使生灵涂炭，招致祸患。亚圣孟子亦主张“从民”。在《孟子·梁惠王下》中，关于选贤择能，他说：周围的人都说是贤才，不能用他；卿大夫们都说是贤才，也不能用他；只有“国人皆曰贤”，才可以好好考察一番，果然是贤才，才能提拔他。这里的“国人”是指举国上下的人，也就是“民”。汉代王符著《潜夫论·遏利》，同样强调“帝以天为制，天以民为心”，因此必须“从民”。可见，中国传统文化中一直贯穿着“顺民”“从民”的民本思想，因为民意即是天意，天意不可违，所以治国之道在于王者心中有民，并且能够顺民从民。在充分汲取传统文化“顺民”“从民”思想精髓的基础上，毛泽东同志再三呼吁大家要眼睛向下，要做调查研究，要去给人民群众当学生，认真听取他们的意见，顺民心安民愿，这样才能取得中国革命的胜利，因为“群众是真正的英雄，而我们自己则往往是幼稚可笑的。”此外，在《关于领导方法的若干问题》一文中，他还提出了党的领导方法是“从群众中来，到群众中去。”尊重群众首创精神，认真做好调查研究，虚心向群众学习，“从群众中来”。然后集中整理群众意见，系统化为党的方针政策，向广大群众做好宣传解释，“到群众中去”。

中国文化源远流长，中华文明博大精深。包含“贵民”“重民”“富民”“为民”“顺民”“从民”等民本思想在内的中华优秀传统文化蕴藏着凝聚人心、整合社会的磅礴力量，能够为党提升群众组织力提供重要的价值理念和方法参考，是全媒体时代党提升群众组织力的重要思想来源之一。

第四节　党的群众路线理论

群众路线理论是中国共产党在长期的革命和建设实践过程中形成的，其基本出发点是“群众”，又称“人民群众”，即群众路线的主体和践行者。

“群众路线”是一个包含内容极其丰富，涉及范围极其广泛的多因素综合体，可以从历史本体论、交互认识论和工作方法论等三个方面加以界定。从历史本体论的角度来看，人民群众是历史活动和历史创造的主体，群众史观是群众路线的基础性依据；从认识论的视野来看，“党群”这一对范畴是双主体或多主体之间的对等的、互动的、动态的认识过程。从方法论的场域来看：贯彻群众路线要从群众中来，到群众中去，这与本体论和认识论的路径是一致的。

一. 历史本体论视野——人民群众是社会历史的主体和创造者

从历史本体论的角度看，人民群众是社会历史的主体和创造者。指出这一点，不仅因为在任何时代“人民群众”都是社会成员的绝大多数，更在于人民群众是对社会历史发展起推动作用的人，是物质资料生产的主体，是精神财富的创造者，是社会变革的决定力量。是否承认历史是人民群众创造的，关系到是否承认社会存在决定社会意识，是唯物史观和唯心史观的分水岭。英雄史观把英雄的性格、气质，甚至消化不良都看成了历史的变化的决定因素，实际上是社会意识决定社会存在的人格化表现，是历史唯心论的观点。正如马克思恩格斯所指出的，“历史活动是群众的活动”①，“历史什么事情也没有做，它‘不拥有任何惊人的丰富性’，它‘没有进行任何战斗’！其实，正是人，现实的、活生生的人在创造这一切，拥有这一切并且进行战斗。并不是‘历史’把人当做手段来达到自己——仿佛历史是一个独具魅力的人——的目的。历史不过是追求着自己目的的人的活动而已。”②既然人民群众是历史的创造者，是历史的主人，那么党的权力就是人民群众赋予的，党就是帮助人民群众实现其利益的，一切努力的目标指向都只能是人民。

---

① 中共中央马克思恩格斯列宁斯大林著作编译局. 马克思恩格斯文集（第 1 卷）[M]. 北京：人民出版社，2009：287.

② 中共中央马克思恩格斯列宁斯大林著作编译局. 马克思恩格斯全集（第 1 卷）[M]. 北京：人民出版社，2009：287.

“人民是历史的创造者，是真正的英雄。”全面建成小康社会的历史性成就，凝聚着中国人民的聪明才智，浸透着中国人民的辛勤汗水，蕴涵着中国人民的巨大牺牲，展现了中国人民自强不息创造美好生活的精气神。中国人民是具有伟大奋斗精神的人民。身残志坚的张顺东、李国秀夫妇，在脱贫攻坚奔小康路上不等不靠、不找不要，与当地村民同步奔小康；从最初的心灰意冷，到后来勤思苦干、拔除“贫困之根”，再到成为激励贫困户矢志脱贫“领跑的人”，王万才书写了精彩的脱贫故事；莽莽成昆出大山，几十万筑路军民用青春、汗水和热血，逢山凿路、遇水架桥，让天堑变通途，在“禁区”创造奇迹……“为有牺牲多壮志，敢教日月换新天”。在全面建成小康社会的进程中，我们历经磨难，但没有任何一次困难能够打垮我们，最后都推动了中华民族精神、意志、力量的一次次升华。

一切伟大成就都是接续奋斗的结果，一切伟大事业都需要在继往开来中推进。从全面建成小康社会到基本实现现代化，再到全面建成社会主义现代化强国，是新时代中国特色社会主义发展的战略安排，是我们奋斗的坐标。全面建成小康社会，是我们迈向中华民族伟大复兴的关键一步，但决不能骄傲自满、止步不前。一方面，解决发展不平衡不充分问题、缩小城乡区域发展差距、实现人的全面发展和全体人民共同富裕仍然任重道远。另一方面，全面实施乡村振兴战略的深度、广度、难度都不亚于脱贫攻坚，不能有任何喘口气、歇歇脚的想法。乘势而上、再接再厉，在新起点上接续奋斗，才能不断实现创造人民更加美好生活的宏伟目标。

二. 交互认识论视角——党群之间是互主体或多主体间性关系

从马克思主义认识论的视角来看，群众路线体现的是互主体或多主体间性的关系（在群众路线中的互主体，有时指党群关系，有时指干群关系，或指领导与群众关系，具体所指要视语境而确定）。党群或干群之间不是一种简单的主体改造客体的关系，而是能够对等实现交互认知，相互影响相互作用的双主体关系。二者不是“对立面”，而是“共同体”。这种交互认识遵循主体间性、对等性和互动性原则，并且是在动态中不断变化的。因此，既然是对等的主体，党员干部就应该认真倾听群众的呼声，多深入群众，多了解群众，“一切依靠群众”，并通过交互反馈来调整自己的群众工作策略和方法，而不是将“人民群众”视为改造的客体，居高临下，“事不关己，高高挂起”，导致党群关系破裂，离心离德。

作为中国工人阶级的先锋队、同时也是中国人民和中华民族的先锋队，中国共产党与广大人民群众血肉联系，是区别于其他任何政党的显著标志之一。取得人民群众对党的支持和拥护，是党执政的最根本基础和最重要的执政资源，也是执政能力建设的最终目的。党群关系的核心是党要始终代表最广大人民的根本利益。党与人民群众的关系，主要包括两个方面：一方面，人民群众必须要有党的领导。没有党的领导，人民群众的革命斗争就是自发的，就不能取得胜利；人民群众当家作主，管理国家的权利就得不到保障；人民群众建设民主、文明、富裕的生活就不可能实现。另一方面，党又必须联系人民群众，相信群众，依靠群众。党一旦脱离了人民群众，就失去了自己赖以存在和发展的基础，就不能取得革命的胜利和建设的成功，也就不可能实现自己的崇高理想和奋斗目标。党的路线、方针、政策是维系党群关系的基本纽带。党坚持全心全意为人民服务的宗旨，一刻也不脱离人民群众，一切为了人民群众，一切依靠人民群众，一切从人民群众的利益出发，是中国共产党人言论行动的最高标准，是密切党群关系的第一要旨。随着中国改革开放和社会主义市场经济的发展，人民群众的工作生活条件和社会环境发生了深刻变化，党群关系面临着新情况新挑战。要用发展的眼光看待党群关系，加强和改进新形势下党的群众工作，巩固执政的基础，从根本上提高执政能力。

三. 工作方法论视域——群众路线是中国共产党的根本工作路线

党的群众路线是马克思主义群众观与中国共产党领导的革命、建设、改革伟大实践相结合的产物，具有鲜明的中华优秀传统文化、革命文化和社会主义先进文化特色。

从工作方法论视域看，群众路线是中国共产党的根本工作路线。1943

年6月，毛泽东同志在《关于领导方法的若干问题》一文中直接指出："从群众中集中起来又到群众中坚持下去，以形成正确的领导意见，这是基本的领导方法。"可见，"从群众中来，到群众中去"是中国共产党根本的工作方法和领导方法。贯彻群众路线的工作方法首先是对群众进行调查研究，虚心向人民群众学习，收集群众意见并经由理论指导、深入分析形成正确的领导意见，重新回到人民群众中间，并转化为群众的自觉行动，从而形成改造和推进社会前行的力量。中国共产党"一来一去"的工作方法是与"实践——认识——再实践——再认识……"的认识论路线相一致的，正是通过来来去去，不断反复的实践与认识，最终获得真理性的认识，寻找到促进社会发展的力量之源。

中国共产党成立一百多年来的历史，就是一部始终保持同人民群众血肉联系、不断依靠人民群众取得胜利的历史。在过往的征程中，我们党形成了"从群众中来，到群众中去"的优良传统和工作作风。历史证明，集历史本体论、交互认识论和工作方法论等不同侧面理解于一体的群众路线是我们党的生命线和根本工作路线，是我们党永葆青春活力和战斗力的重要传家宝。中国共产党之所以能够保持先进性和纯洁性、由弱变强，不断发展壮大并始终充满生机活力，其重要原因之一就是坚持群众路线。全媒体时代，要提升党的群众组织力，就必须坚持群众路线，坚持以人民为中心，牢记并恪守全心全意为人民服务的根本宗旨，把群众路线贯彻到党治国理政全部活动之中。

第五节　全媒体技术相关理论

科学技术的飞速发展，孕育出了以人工智能、5G、大数据、云计算、区块链等为代表的新技术。新技术赋能新媒体，新媒体不断融合，呈现出明显的智慧化、移动化、视频化、数据化趋势，一场由技术创新引发的媒体变革风暴已经来临。对此，我国高度重视，先后出台了《关于加快推进媒体深度融合发展的意见》等文件，要求以先进技术引领驱动融合发展，用好5G、大数据、云计算、物联网、区块链、人工智能等信息技术革命成果，加强新技术在新闻传播领域的前瞻性研究和应用。关于如何推动媒体融合向纵深发展，相关文件也指出，要深化体制机制改革，加大全媒体人才培养力度，打造一批具有强大影响力和竞争力的新型主流媒体，加快构建网上网下一体、内宣外宣联动的主流舆论格局，建立以内容建设为根本、先进技术为支撑、创新管理为保障的全媒体传播体系，牢牢占据舆论引导、思想引领、文化传承、服务人民的传播制高点。

实现国家全媒体发展目标，探讨全媒体时代党提升群众组织力的理论基础，必须以多媒体技术、5G 技术、大数据技术、区块链技术等相关技术理论矩阵为基础，主要包括以下五大类别技术理论。

一．多媒体技术

多媒体技术是利用计算机对文本、图形、图像、声音、动画、视频等多种信息综合处理、建立逻辑关系和人机交互作用的技术。多媒体技术中的多媒体是指结合视听信息传播能力与计算机交互控制功能，创造出集文、图、声、像于一体的新型信息处理模型，使计算机具有数字化全动态、全视频的播放、编辑和创作多媒体信息功能的多样化的媒体形态。多媒体技术极大地改变了人们获取信息，阅读信息和使用信息的方式方法，开启了计算机多媒体应用的新纪元。

运用多媒体技术，计算机可以处理人类生活中最直接、最普遍的信息，使计算机的应用领域及功能得到了进一步的扩展。计算机系统的人机交互界面和方式更为友好便捷，非专业的普通人士也可以自由地使用和操作计算机。不仅如此，多媒体技术将音像技术、计算机技术和通信技术三大信息处理技术紧密结合，推动信息处理技术走向更深更广的领域。声音、视频、图像压缩处理技术已经作为产品走向市场，新的模式识别、MPEG 压缩技术、虚拟现实技术等也愈加成熟，正在更多地运用各类场景大放光彩。

全媒体时代的到来，使得数字声、像数据的使用与高速传输成为了一个国家科学技术水平和经济发展实力的象征。多媒体技术的出现，使人们跨越了时空的限制。天文地理、古往今来，历史文化、风土人情，上至国家政府，下至平民百姓，通过多媒体的呈现，都可以以非常生动的方式了解自己想了解的一切，多媒体技术正在推动人类文明不断朝前发展。

二．信息技术

信息技术，就其哲学意义而言，指的信息技术与人的本质关系，即能充分利用与扩展人类信息器官功能的各种方法、工具与技能的总和。就其科学意义而言，指的是利用计算机、网络、广播电视等各种硬件设备及软件工具与科学方法，对文图声像各种信息进行获取、加工、存储、传输与使用的技术之和。通常而言，信息技术强调的是信息技术的现代化与高科技含量。信息技术的应用包括计算机硬件和软件，网络和通信技术，应用软件开发工具等。

伴随着计算机和互联网的普及，人们日益普遍地使用计算机来生产、处理、交换和传播各种形式的信息。如：书籍、商业文件、报刊、唱片、电影、电视节目、语音、图形、影像等。信息技术按不同的划分标准可以划分为不同类型。按表现形态的不同，信息技术可分为物化技术与非物化技术。前者指显微镜、电话机、通信卫星、多媒体电脑等各种信息设备及其功能。后者指语言文字技术、数据统计分析技术、规划决策技术、计算机软件技术等各种信息获取与处理的各种知识、方法与技能等。按工作流程的不同，信息技术可分为信息获取技术、信息传递技术、信息存储技术、信息加工技术及信息标准化技术等。信息获取技术主要指信息的搜索、感知、接收和过滤。信息传递技术强调的是如何跨越空间实现信息共享。信息存储技术着重的是如何跨越时间实现信息的保存，如：印刷、照相、录音、录像、U 盘、硬盘等。信息加工技术发展经历了从人脑信息加工到使用机械设备进行信息加工，再发展到运用计算机与网络进行加工的过程，包括了信息描述、分类、转换、创新等的技术。信息标准化技术包括信息管理标准、字符编码标准等，主要是通过信息交互中的有机衔接，提高信息交换共享能力等。

全媒体时代的到来，使信息技术成为了我们生活中不可或缺的一部分。信息的即时传递，让距离不再遥远，实时见面，同步语音成为了非常平常的事情；获得知识的手段更加快速便捷，互联网上有无数的资源库，人们想获取的资源都能够通过信息交换实现；不仅如此，以信息技术为支撑的电子商务，让全球购、海外购等各类购都能轻松实现，足不出户，全球购物。

三．5G 技术

5G 技术是第五代移动通信技术的简称。它具有高速率、低时延和大连接等特点，是实现人机物互联的网络基础设施。国际电信联盟为其定义了增强移动宽带、超高可靠低时延通信和海量机器类通信三大类应用场景。其中增强移动宽带主要面向移动互联网流量爆炸式增长，为移动互联网用户提供更加极致的应用体验；超高可靠低时延通信主要面向工业控制、远程医疗、自动驾驶等对时延和可靠性具有极高要求的垂直行业应用需求；海量机器类通信主要面向智慧城市、智能家居、环境监测等以传感和数据采集为目标的应用需求。为满足未来多样化的应用场景需求，5G 技术的关键性能指标将更加多元化，但高速率、低时延、大连接始终是其最突出的特征。

5G 技术为全媒体时代创造了更多可能，它不是一项“弯道超车”的技术，而是一项“换道行驶”的技术，未来将成为媒体相关行业发展的决定性“拐点”。

这是因为：首先，5G 高速率的特性，可以让高清电影的下载缩短到 1 秒左右完成。基于这种特性，媒体传播中的视频内容很容易呈现现象级崛起，越来越成为社会中的主流的表达方式；其次，5G 高容量的特性，可以让大容量的视频、动画随意关联，以更丰富生动的方式呈现表达内容。基于这种特性，在一定区域内可以接入的传感器、信号源等数量将十分之巨，从而强化了媒体之间的多样化联结；再次，5G 低时延的特性，可以让远程手术等成为可能。基于这种特性，不同场景的同步分享，自动化无人设备和远程操控将变得非常轻松；最后，5G 低能耗的特性，可以使传感器降低维持成本，实现全时在线、永远在线。传感器的使用将不再受限，每个和人类活动相关的场景都可能通过传感器记录数据、描述数据。这些数据如果能被记录，那么在未来产业和社会发展中，就会成为具有重大价值、能发挥重要功能的动力资源，成为促进社会发展的巨大变量。

四. 大数据技术

大数据最早起源于计算机行业，是指在一定时间内无法用常规软件进行分析的数据，其具有数据量大、信息繁杂的特点。大数据分析需要处理能力强、流程简化的高效处理方式，才能进行分析。由于大数据信息含量高，对问题分析更加全面和准确，在社会各个领域中得到广泛应用。大数据分为结构化、非结构化两种类型，结构化所占比例在80%~90%之间，且这一比例逐年增加。大数据是互联网发展到一定阶段的产物，其分析能力正在逐渐增强。目前，云计算、云数据正逐渐替代大数据，实现数据分析方式的转化。总之，大数据和云数据正在被社会各个领域所应用，为各个行业的发展和创新提供支持，推动整个人类社会的发展。

麦肯锡全球研究院对大数据进行定性，认为它是一种规模大的数据，其数据收集范围超出传统软件的分析能力，是一种海量性的数据内容，可以通过快速的数据流转，实现多样化数据类型的价值密度分析。同时，大数据与传统数据一样，需要经过获取、存储、管理和分析等环节，才能实现数据的后期数据研究。

现在的社会是一个高速发展的社会，科技发达，信息流通，人们之间的交流越来越密切，生活也越来越方便，大数据就是这个高科技时代的产物。有人把数据比喻为蕴藏能量的煤矿。煤炭按照性质有焦煤、无烟煤、肥煤、贫煤等分类，而露天煤矿、深山煤矿的挖掘成本又不一样。与此类似，大数据并不在“大”，而在于“有用”。价值含量、挖掘成本比数量更为重要。对于很多行业而言，如何利用这些大规模数据是赢得竞争的关键。大数据的价值体现在以下几个方面：

1. 为大量消费者提供产品或服务的企业可以利用大数据进行精准的营销活动。

2. 做“小而美”模式的中小微企业可以利用大数据做服务转型。

3. 在互联网压力之下必须转型的传统企业需要与时俱进，充分利用大数据的价值。

不过，“大数据”在经济发展中的巨大意义并不代表其能取代一切对于社会问题的理性思考，科学发展的逻辑不能被湮没在海量数据中。著名经济学家路德维希·冯·米塞斯曾提醒过："就今日言，有很多人忙碌于资料之无益累积，以致对问题之说明与解决，丧失了其对特殊的经济意义的了解。"这确实是需要警惕的。

在这个快速发展的智能硬件时代，困扰应用开发者的一个重要问题就是如何在功率、覆盖范围、传输速率和成本之间找到那个微妙的平衡点。企业组织利用相关数据和分析可以帮助他们降低成本、提高效率、开发新产品、做出更明智的业务决策等等。

全媒体时代，科学技术的日新月异使得数据的提取、处理和分析得以实现。通过大数据技术，人们能够在海量的数据中抓取、筛选出有价值的数据，为各行各业的组织决策提供参考。大数据技术的应用，改变了人们生产生活的方式，也推进了传播领域的媒体融合。

大数据技术推进媒体融合的主要表现体现在大数据思维的突出影响。大数据思维主要指："总体样本取代随机样本，对不精确的容忍度增加以及相关关系取代因果关系。"①运用大数据思维，一方面，人们可以采用大数据技术挖掘分析内容，找到受众关注的焦点内容，追踪这一内容在传输过程中的发展变化，使传播内容更吸引受众眼球，更具有针对性；另一方面，媒体可以改变传统的传播方式和形式，实现精准传播和预测传播。人们可以在精准分析受众需求之后"点对点"进行定制化内容推送，"量身定制"的差异化、个性化内容更容易被接受，能够大大增强信息内容在传播中的实效性。

大数据技术推进媒体融合的重要作用还体现在实现传播主体复合化、传播渠道多维化以及传播受众立体化等方面。全媒体时代，传播的主体不再仅仅限于专业化的媒体从业者，普通大众同样能够生成内容并通过自媒体进行传播。不论是专业的媒体从业者还是普通大众，作为信息传播的复合主体，运用大数据技术，都可以更好观测传播内容发布、发展的全过程，还可以通过搜索受众关心的热点内容，围绕其生成高质量高关注度的传播

---

① [英]维克托·迈尔·舍恩伯格，肯尼思·库克耶. 大数据时代[M]. 盛杨燕，周涛译. 杭州：浙江人民出版社，2013：56.

信息，实现最好传播效果；同时，全媒体时代，传播渠道也呈现出多个维度。不同于以往的纸媒、电视等相对单一的渠道，人们可以基于网络，移动客户端，以文字、视频、音频等形态，通过微博、微信、抖音等渠道进入受众视野。而且，运用大数据技术，信息投放者还可以知道哪个平台的受众偏向哪类信息，哪几种组合传播效果更佳，从而采取更精准高效的投放模式。

全媒体时代，传播主体可以运用大数据技术构建受众形象，分析受众需求等，进而对受众进行全方位的立体画像。与之前的经验判断不同，凭借大数据技术，受众注册登录各类平台、浏览、观看、下载的内容，甚至时长等信息，都可以被精准记录。以此为基础进行大数据分析，可以客观、清晰、详尽了解受众的兴趣爱好、个性特征、需求导向等，信息内容的生产便事半功倍了。

五. 人工智能技术

人工智能是计算机和机器模仿人类思维来解决问题和制定决策的能力。人工智能技术是研究开发能模拟、拓展、增进类人类智能的功能及其应用的技术，重点是帮助智能机器“听”，即语音识别，机器翻译等；帮助智能机器“看”，即图像识别、文字识别、情景识别等；帮助智能机器“说”，即语音合成、人机对话等；帮助智能机器“思”，即人机对弈、智慧推演等；帮助智能机器“学”，即机器学习、智慧生成等；帮助智能机器“行”，即智能机器人、自动驾驶汽车等。可见，和蒸汽时代的蒸汽机、电气时代的发电机、信息时代的计算机和互联网一样，人工智能技术已经成为了推动人类进入智能时代的决定性力量。对此，习近平总书记在十九届中央政治局第九次集体学习时深刻指出：“人工智能是新一轮科技革命和产业变革的重要驱动力量，加快发展新一代人工智能是事关我国能否抓住新一轮科技革命和产业变革机遇的战略问题”。

全媒体时代，人工智能技术将完全改变媒体，彻底重塑媒体运作的整个流程，使信息传播，媒体融合等领域发生颠覆性变革。首先，运用人工智能技术，计算机和机器能够进行高级文本分析和创作。人工智能赋能机器人，机器人可以在对大量数据进行学习和分析之后，对热点信息内容进行语义解读，自动分离出其中的关键信息，聚焦受众的关注兴奋点，深度生成式“创造”出受众高度喜爱或者非常关心的信息内容。其次，运用人工智能技术，计算机和机器能够进行图像和视频识别并输出结构化标签。基于深度学习的大规模数据训练，计算机和机器能够识别图片或视频中的物体类别、摆放位置、图像或视频场景等并对其进行贴标，可以对画面中的元素进行追踪，对画面中有损公序良俗、不恰当、有争议或违法的内容进行识别、检测、标注和报警，可以以最少的人力投入净化媒体信息。再次，运用人工智能技术，计算机和机器能够自动进行语音识别和语音合成，像人一样发出声音，提供智能语音服务和精准的“语音—文字”双向转换。这种技术在媒体采编环节应用，一方面，能够瞬时将现场语音报道生成文字版，缩短媒体稿件编写的时间；另一方面，也能够快速将文字内容快速转换成逼真的人声，甚至可以像导航语音一样实现个性化定制，带给受众不一样的语音体验。最后，运用人工智能技术，计算机和机器能够进行包括人脸检测与属性分析、人脸比对、活体检测等人脸识别的应用等。

人工智能有望改变媒体的一切，重塑媒体的整个流程。预计未来人工智能将融入到媒体运作的各个环节。但无论是人工智能本身还是其在传媒领域的应用，距离成熟都还有很长的路要走。人工智能在媒体行业的落地，需要更复杂、更全面的架构。构建以大数据和人工智能为核心的技术生态体系，基于媒体行业自身的数据构建具有针对性的人工智能系统，提升媒体与人工智能结合的成熟度。目前人工智能技术在媒体行业的应用并不完善，但并不阻碍我们对于其发展前景的期待。

如何充分地发掘人工智能的潜力是媒体和媒体人面临的大命题，我们应思考人工智能如何更好地与媒介进行结合，尝试在融合发展面临的问题中加入人工智能解决方案。未来，机器与人的共生将成为媒体常态，我们期待人工智能为媒体带来更好的未来，在技术的助力下走向真正的智媒时代。

六. 区块链技术

区块链本质上是一个去中心化的数据库，包含了分布式数据存储，点对点传输，共识机制和加密算法等内容的计算机技术应用模式。具有去中心化、开放性、安全性、不可篡改性、匿名性等特点。区块链技术不依赖第三方机构或设施，没有中心管制，通过分布式核算和存储，各个节点的信息都是自我验证、传递和管理，去中心化是其最突出的特征。同时，区块链技术基础又是开源的，除了交易双方的私密信息外，区块链的数据对所有人开放，高度透明且不受任何人或实体控制，无法篡改，兼具开放性、安全性和不可篡改性。此外，区块链技术各区块点的身份信息不需要公开或者验证，信息传递可以隐蔽进行，也具有匿名性。

全媒体时代，科技创新空前密集活跃，区块链技术已经在数字金融、物联网、公共服务、供应链管理、数字版权等领域加速应用。区块链技术赋能媒体融合也有广阔前景，在创新媒体内容生产溯源、传播方式轨迹、内容分享、收益变现等方面都将发挥重要作用。区块链技术去中心化的分布式结构，可以节约大量中间单元的成本消耗，同时还可以凭借其可追溯、不可篡改、数据所有权明晰的特性，构建高效、有序、可信的现代媒体生态环境。

区块链技术运用于媒体传播，在两个方面有突出表现：一是追踪数据源头和验证传播信息真伪。区块链是开源式的信息数据库，储存之后无法更改，根据其不可伪造、可以追溯、公开透明以及可以大众共同审核等特点，用来追踪网络信息发布的源头和每一个传播链路并验证其真伪，对治理当前网络谣言满天飞的乱象，去伪存真，清朗网络空间具有重要价值。二是保护原创作品和合理分享收益。依据区块链技术的机密和上链后的数据完整性和无法篡改性，将原创作品的作者姓名、创作时间、作品名称、作品简介等关键信息生成唯一对应的数字指纹 DNA 存放于区块链，并在链外进行全网数据监测，实现原创内容的自动确权、原创转载的实时监控等，保护原创作品的知识产权。同时，通过区块链技术，每个原创内容的生产者都可以建立自己的数字版权“区块”，搭建起串联信息的创作者、传播者、使用者的闭环结构，并根据分布式计算结果公平合理获取相应收益。

第二章　全媒体时代党提升群众组织力的良好机遇

全媒体时代，随着数字技术、信息技术等的飞速发展，信息的传播方式发生了根本性改变，形成了新的媒介生态和传播格局，网络、渠道、平台和终端等的作用和价值日益凸显。人民群众是历史的创造者，无论在任何历史时期和时代背景下，群众路线始终是我们党根本的领导作风和工作方法，但群众工作的方式方法要根据时代的变化而发展。当今世界正经历迅速的发展变革，科技发展日新月异，以互联网为代表的新技术对人们的生活产生前所未有的影响。信息传播方式也随之发生改变，在互联网之后，人工智能、物联网以更快的速度出现在我们的生活中，信息加速、万物互联的时代已经到来。

信息变得无处不在、无所不及、无人不用，全媒体不断发展，出现了全程媒体、全息媒体、全员媒体、全效媒体，导致舆论生态、媒体格局、传播方式发生深刻变化，新闻舆论工作面临新的挑战。推动媒体融合发展、建设全媒体成为我们面临的一项紧迫课题。从根本上说，人类任何社会活动都离不开信息的传递和交换。群众工作既是社会活动，也是信息活动。全媒体技术使党和群众的联系沟通工作更方便快捷，党收集社情民意的工作更精准高效，党组织动员群众的速度更快，范围更广，为党提升群众组织力提供了良好机遇。

第一节　党群联系沟通更方便快捷

在全球加速向网络化社会、数字化生存转型的过程中，我国也与世界同步，进入了全媒体时代。根据中国互联网络信息中心（CNNIC）发布的第 51 次《中国互联网络发展状况统计报告》的数据显示，截至 2022 年 12

月，我国网民规模高达10.67亿，移动网络的终端连接总数已达35.28亿户，互联网普及率达75.6%。短视频用户规模首次突破十亿，用户的使用率高达94.8%。这说明，从网络、手机、平板电脑到户外大屏、流动媒体，各类新媒体、新技术正越来越强劲地影响着越来越多的人。可以说，当前新媒体已成为传统党群沟通渠道之外的常规而重要的渠道，正日益成为党员干部和群众工作、生活的重要载体。

一．全媒体技术拓宽了党群沟通渠道

全媒体凭其及时便捷的独特优势为党群沟通带来了新方式，开辟了新天地。通过博客、微博、播客、维客、搜索引擎、网站、网络杂志、网络报纸、移动多媒体、掌上媒体、车载移动媒体等各种媒体形式，党群之间可以更加方便、快捷地进行交流和互动，可以通过各种社交媒体平台、在线社区等参与讨论，发表意见，提出建议，使得公众可以更加深入地参与到政治生活中，信息技术的进步大大拓宽了党群沟通的渠道，为党群之间的交流打开了“政情下达”“民情上传”的便捷之门，可以在对话交流中凝结社会共识，拉近党群距离，密切党群关系。

有人曾从新闻学的视角将传统媒体和新兴媒体一起划分为五种媒体。报纸刊物为第一媒体，广播为第二媒体，电视为第三媒体，互联网为第四媒体，移动网络为第五媒体。从信息传播的历史发展来看，这个分类没有问题。但就社会传播的影响力而言，第四媒体和第五媒体的出现，让公众的自我表达手段和意见传播效率进入了一个前所未有的全新空间，其影响力前所未有。全媒体时代，个体的声音被传播，被放大，被高扬，人人都有麦克风，人人都在发帖织博，评论新闻、发布信息、表述观点、表明态度，在比特之海中释放出巨大的能量，为党群沟通搭建起了一个多途径、多手段、高效能的交互平台。全媒体时代的信息交流是双向的，党群之间可以通过各种媒体形式进行互动和交流，了解彼此的需求和意见，增强互信，促进共识。这种互动和交流不仅可以提高党的服务质量，还可以更好地满足公众的需求，加强党群之间的联系和信任。

与电视、报纸等传统媒体需要花费大量的人力、财力维系其正常运转不同，全媒体时代民众足不出户就可以看到全世界正在发生的事情并表达自己的观点，通过微博、微信等各种网络媒体平台，用户仅仅需要简单的注册申请，傻瓜式的操作方式，就可以轻松将自己的“意见”通过文字、音乐、图片、视频等信息表达出来，这不仅有效拓宽了党了解群众的途径，也为党及时回复群众关切，消除群众误解，为群众排忧解难提供了方便快捷切实的渠道，促成了党群沟通的良性互动，密切了党群关系。

二. 全媒体技术增强了党群沟通时效

全媒体时代，即时通信已经成为媒体传播的一个显著特征。无论是电脑对电脑，电脑对手机，还是手机对手机，都具有非常典型的即时通信性。对于普通个体而言，个体交流是绝大多数网民选择即时通信工具的首要动因。同时，即时通信工具还可以供个人上传照片、发布日志，进行信息分享和情绪表达等。虽然暂时无法实现线下面对面的零延时沟通效果，但在5G技术支持下，远程手术、汽车自动驾驶都已经成为现实。伴随着现代科技的发展，键对键的交流越来越具有了面对面交流的实时性，而同时它又可以是远程的，交流手段是可变可控的，这使得越来越多的人喜欢上了这种交流方式。甚至有人无奈地表示：世界上最遥远的距离，不是生与死，而是我在你身边，你却在玩手机。

由于全媒体技术的瞬时通信性，党群之间的沟通跨越了时间和空间的限制，凭借其同步性和实时性特征，党群之间可以通过各类网络媒体进行微时差交互，并且可以全程被记录，可以随时对党群沟通的过程和结果进行反馈调整，更优质做好群众服务工作。而网络媒体的留言功能，作为即时交流的有益补充，则增强了党群沟通的延时性，在打破空间限制的同时也超越了时间的禁锢，有效弥补了传统沟通因受时间、地点的限制而导致时效性相对较差的缺憾，为党群沟通搭建起了新的平台，正日益成为党的群众工作新阵地。借助先进的传播技术，集文字、视频、图片、音频等于一体，运用多样化的信息传播方式，及时进行信息传播，不仅可以让人民群众方便实时了解党的大政方针政策，也可以帮助党第一时间为群众释疑解惑，排忧解难，在党群之间建立起畅通的交互渠道，有益于二者尽快达成共识，从而提升党的群众组织力。

此外，全媒体技术在利用即时通信工具给人们的交往提供各种便利性的同时，也在无形中影响并塑造着人们的思维方式、行为方式和交往方式。伴随着全媒体时代的到来，即时通信工具的使用，人们的社会圈层也悄悄发生了改变。在传统的物理空间，人们的交往圈层更多是基于亲缘、同事、同学等特定范围人群建立起来的。但网络媒体与此不同，人们构建同一个圈子的基础是基于共同或者相似的兴趣、爱好、学历、文化背景和社会地位等，这种同质性强化了网民的人群分化，更多表现为价值观等文化因素规定的社会圈层。如果党的群众工作能够针对或主动引导构建目标圈层，党群沟通的速度会更快，效果会更佳。

三. 全媒体技术扩大了党群沟通范围

全媒体时代，网络虚拟空间的社会交往已经广泛存在于人们的日常生活交往之中。伴随着各类社交平台的激增和功能的完善，网络虚拟空间已经形成了一个相对独立的新场域。人们在其中移植、拓展甚至培育新的社会交往关系，大大扩张了人与人之间交往的范围，产生了深刻的影响。例如：点赞、转发、群聊大大加强了人们之间的互动频率和链接程度，更多人乐于基于共同关心的话题、相似的文化背景或者较为一致的三观进行交流，这种交往大大超出了现实生活的交往范围，聚集了数量众多的参与主体，完全打破了物理空间的限制。

网络虚拟空间是现实社会生活的延伸和拓展，不仅丰富了人们的生活途径，扩展了人们的实践领域和生活方式，也突破了现实社会生活的诸多限制，呈现出一种全新的沟通景象。一方面，去中心化的媒体传播方式改变了传统媒体的传播范式，创造了一个相对自由、充分的交互世界。在这个世界中，每个个体都可以遵从自己的内心意愿，自主地选择自己需要的信息，最大程度突破国家、地域、民族、文化背景等的影响，就共同关心的话题进行相对真实而广泛的讨论；另一方面，全媒体时代的“网际互动”打破了公众参与的心理障碍，极大地提高了公众参与的积极性，人们在网络媒体上的表达意愿和参与意识呈现持续高涨的态势，公众的表达权得到了最大程度的扩展和延伸，其主体意识得到了前所未有的发挥，甚至弱化了精英话语的主导地位，进一步增强了公众的积极参与意愿。

可见，全媒体技术显著扩大了信息传播的覆盖面，可以通过各种媒体形式将信息传递给更多的人。就党群关系而言，全媒体技术扩大了党群沟通的范围。一方面，可以放大党的声音，帮助更多的人了解党的政策、决策，扩大党的政治影响力，团结广大人民群众，早日实现中华民族伟大复兴梦。另一方面，也可以呈现社情民意，既能帮助普通老百姓展示自己或所在群体的真实期盼，让党能有的放矢为人民群众服务。也能充分收集亿万群众的妙计良策，让党能充分依靠人民群众的聪明智慧，全面建成社会主义现代化强国。

伴随着社交软件数量的激增与功能的完善，虚拟空间逐渐发展成为一个相对独立的社交关系网络，能够移植、拓展，甚至独立培育新的现实社会关系，并充分发挥关系效用。青年人的强关系连接所需的互动频率能够借助青年人习惯的跨时空限制的社交软件轻松达成。丰富的网络社交功能为青年人提供了多样的社交形式，新出现的点赞、评论等轻量级行为以及多主体互动的群体聊天等社交形式都能够起到沟通情感的作用，甚至要比传统的一对一私聊更为高效。现实与虚拟的边界淡化，虚拟空间内的现实强关系在虚拟空间依旧信任亲密，并且网络管理的进步融合了规范与脱域两种优势，信任与亲密在网络社交内的实现，带动了虚拟关系独立培育强关系的可能。亲缘、地缘不再是强关系产生与维持的限制条件，基于共同兴趣而形成发展的强关系群体主体异质性更强，打破了强关系同质性强的主要特点，加之网络社交不断降低强关系互动频率与情感维系的成本，推动虚拟强关系在青年人社交中的地位不断提升。

全媒体平台可以扩大党的声音。通过全媒体平台，党和政府可以将党的声音传递给更多的群众，让更多的人了解党的政策和方针。同时，全媒体平台还可以通过互动、评论等方式，让群众参与到党的宣传中来，增强党的声音的传播效果。全媒体平台可以更好地服务群众。通过全媒体平台，党和政府可以更好地了解群众的需求和意见，为群众提供更加贴心的服务。例如，可以通过全媒体平台了解群众的诉求，为群众提供更加精准的服务；

可以通过全媒体平台宣传优秀文化，为群众提供更加健康的文化产品。全媒体平台可以加强党与群众的联系。通过全媒体平台，党和政府可以更加直接地与群众进行交流和互动，了解群众的意见和需求，增强党与群众的联系。同时，全媒体平台还可以通过在线调查、民意测验等方式，让群众参与到党的决策中来，增强党的决策的科学性和民主性。全媒体平台可以提高党的执政能力。通过全媒体平台，党和政府可以更加及时地掌握社会动态和舆情信息，为决策提供更加准确的信息支持。同时，全媒体平台还可以通过数据分析、舆情监测等方式，为党和政府提供更加全面的数据分析，提高党的执政能力和决策水平。全媒体为党教育引导群众搭建方便之台具有以下几方面的优势：可以扩大党的声音、更好地服务群众、加强党与群众的联系、提高党的执政能力。因此，我们应该充分发挥全媒体的优势，为党和政府联系群众、服务群众提供更加便捷、高效、实用的平台。

第二节 社情民意收集更精准高效

社情民意收集是党和国家与人民群众沟通的重要桥梁，是人民群众实现利益表达与政治参与的有效途径，是党和国家准确了解和掌握人民群众利益关切、有效汇集和汲取人民群众智慧、提高决策科学性、增强执政能力、防范和化解风险的重要手段。中国特色社会主义进入新时代，世界面临百年未有之大变局，我国经济社会正发生着深刻复杂的变化，给社情民意收集提供了更加广阔的发展空间，也提出了更高的要求。全媒体时代，社情民意的收集工作发生了重大革命。借助于先进的信息技术和广泛的媒体平台，党能够精准识别人民群众的现实需求，及时把握社会公众的新诉求、新问题和新期待，为下一步的决策和行动提供重要参考。

一. 全媒体时代收集社情民意更真实

传统的社情民意收集是通过面访，问卷调查，实地调研和电话问询等方式进行，在反映民意、引导舆论、检验政策实施成效等方面起到了重要作用。进入全媒体时代，广大人民群众积极参与网络话题讨论，通过各类网络媒体表达自身的利益诉求、对热点事件的看法，对某一社会现象的批评以及政府决策的喜好等，由于其去中心化、身份的相对隐匿性等特点，出现了主流精英话语权向普通草根话语权的让渡。这种话语迥异于传统的强势传播话语，表达随意、自由，更多是当时真实意愿的表达，却可能产生巨大影响力，带来意外的效果。特别是在公众事件监督一块，来自不同个体对于事件的现场还原往往能够大致拼凑出整场事件的真相，让一切伪装在网络媒体面前无法遁形。

从执政党的视野来看，全媒体时代党群交流更直接可靠。传统的层层上报获取统计数据的方式虽然能够较为全面地掌握社情民意，但从工作量的繁杂程度，统计数据的准确性和时效性上都差强人意。运用全媒体技术，党和政府决策层可以越过庞大的组织结构，直接与社情民意的收集对象进行交互，获取第一手资料，避免了信息传递过程中的丢失、篡改或者失真。当然，这并不是说，这样获取的信息就是完全准确的，但至少可以帮助决策者通过最直接的途径了解到层层上报或者特别正式渠道难以得到的真实信息。

从人民群众的视角来看，全媒体时代党群交流更自由平等。传统的民意收集形式较为正式，很多是通过行政机构层层下达的方式，普通民众摄于权威，地位、群体规范和利益限制等，往往会有选择性的提供收集者需要的信息，这就很可能会导致信息失真。全媒体时代，普通民众摆脱了上述诸多因素带来的重重障碍，通过全媒体平台，他们根据自身意愿，平等协商、对话或网络留言，表达自身的利益诉求，进行充分的利益博弈，实现自己的利益目标。互联网是开放透明的，记录是有痕迹的，在这些技术规制面前，被收集到的社情民意是相对可靠的。

二．全媒体时代收集社情民意更多元

“互联网没有主人，没有所有者。它没有一个大老板，也不隶属于任何国家或国际组织，本质上是无政府主义的，人人都可以不受限制地使用，它真正属于所有网民。”[①]互联网上的每个个体，经常用虚拟的身份自由地发表意见和看法，网络表达的虚拟性带来了网络社情民意表达的匿名性。全媒体时代，个体的这种特征更加凸显，它激发了每个个体自由表达的欲望，使收集的社情民意内容更加丰富，观点更加多元，表达的形式更加多样。信息的发布和意见的表达再也不是精英阶层的特权，普通民众也由此获得了更为廉价、便捷，畅通多元的表达渠道。

全媒体技术的开放性和扩散性特点，不仅在一定程度上削弱了对信息的单一控制，而且与传统信息获取方式完全不同，信息的发布与获得变得非常简单。人们在各种媒体平台根据自己的喜好选择讨论话题。不同的价值追求、不同的意见表达都能够借助网络媒体的放大效应得以增强影响力，由此形成的意见常常在不同的关注群体中形成多元的公众视野。如：党的二十大召开前夕，我党就曾围绕二十大相关工作进行网络征求意见，这也是党的历史上第一次将党的全国代表大会相关工作面向全党全社会公开征求意见。按照党中央统一部署，中宣部组织人民日报社、新华社、中央广播电视总台和“学习强国”学习平台，在有关网站、客户端首页首屏开设“我为党的二十大建言献策”等专栏。从精心选取优质意见建议，到推出海报、视频、H5 等产品进行新媒体呈现，再到充分运用公共场所户外大屏及公共交通移动电视进行全面推广，各大平台利用线上线下多种形式广泛宣传，形成强大声势，各平台征求意见页面总阅读量达 6.6 亿次。参与的网民既有国家机关、事业单位、国有企业的工作人员，也有民营企业、个体工商户等从业者；既有各领域专家学者、专业技术人员，也有生产一线的广大职工群众，其中超过 97%是实名留言。活动期间共收集各类意见建议留言超过 854.2 万条，并体现出了建言数量质量“双高”特点，为党的二十大相关工作提供了重要参考。

全媒体时代，党的社情民意收集对象更加多元。传统的社情民意收集方式是信息层层传递、分级整合，这样做有利于突出主要的、共同的大问题，但是局部的、少部分人的正当利益可能会被湮没，从而影响决策时局部或少部分人的利益。虽然只是少部分人，但对这些个人而言，就是他们的全

① 乔岗．网络化生存[M]．北京：中国城市出版社，1997：213．

部利益。党的十九大报告提出："中国特色社会主义进入新时代，我国社会主要矛盾已经转化为人民日益增长的美好生活需要和不平衡不充分的发展之间的矛盾"。这标志着改革开放以后，经过近 40 余年发展，我国的社会主义建设取得显著成效，落后生产力已经成为过去式，基本实现富起来的目标。人民日益增长的美好生活需要，意味着不再仅仅是对人们的物质文化生活提出更高要求，在民主、法治、公平、正义、安全、环境等方面的要求也日益增长。着力解决这些多样性和复杂性的诉求，需要用好全媒体技术，收集作为分散个体的各类普通民众的意见，鼓励并引导他们积极参与到与自己切身利益相关的公共事务和公共决策之中，满足他们所需。

三. 全媒体时代收集社情民意更精准

传统的社情民意收集，信息往往是由单一的媒体或机构收集发布的，缺乏与其他信息源的对比和参照。而在全媒体时代，如上所述，社情民意的收集具有对象多元化、内容多元化，信息来源多元化等特征，有利于收集者通过多种渠道获取信息，并针对不同信息源的观点、数据和事实进行智能比对，从而更准确地判断信息的真实性和准确性，为党和政府决策提供更准确、有力地支持。

全媒体时代，大数据技术在社情民意精准收集上表现突出，大致包括以下四种方法。一是采用计算机辅助调查方法。在传统的走访、接访群众、实地调研等调查方法的基础上，利用计算机辅助面访系统（CAPI）、计算机辅助网络调查系统（CAWI）及其他调查软件能切实了解群众所思所盼；二是社情民意智能软件收集方法。集信息发布、信息收集、信息核对、信息管理、信息过滤等多种功能于一体的社情民意智能收集软件能快速收集海量且复杂的数据，并从中挖掘出关键信息，找到大数据背后规律，发现其中隐藏的需要信息，能更高效地收集社情民意。三是全数据调查结果分析方法。大数据研究的是全部数据，其对客观事实的连续记载及之间的内在关系分析，能更真实准确把握总况和原貌，避免主观因素的影响。四是众意见精准把握方法。大数据将庞大、零散、多元的民意信息集成到系统、动态和可视的图像中进行深入挖掘和提炼，能揭示出主流民意的真实表达，为科学决策提供精准信息。

当前，我国正处于实现中华民族伟大复兴关键时期，当今世界正经历百年未有之大变局。二者同步交织、相互激荡，构成我们全面建设社会主义现代化国家的历史坐标和时代背景。新形势下，社会利益格局的变化，社会组织形式的变化，人们思想观念的变化，科技发展带来信息传播方式的变化等各方面出现的新情况，使党的社情民意收集工作显得尤为重要。越能精准收集到大量来自基层、来自民间，汇聚不同利益群体的高质量信息，党和政府就更容易做出切合我国发展实际又符合广大群众意愿的决策，带领全国人民实现中华民族伟大复兴梦想。

第三节 宣传组织群众更迅速广泛

人心向背关系党的生死存亡。群众路线是我们党的生命线和根本工作路线，是我们党永葆青春活力和战斗力的重要传家宝。中国共产党人继承和发展了马克思主义经典作家的群众观点，结合不同时期的形势和目标任务，不断丰富和发展了党的群众路线。宣传组织群众工作是群众路线的重要内容，只有做好了宣传组织工作，才能让马克思主义政党的理念深入人心，真正做到人民群众与中国共产党心连心，共同实现社会主义现代化强国伟大目标。

一．全媒体时代群众宣传组织更灵活

中国共产党一直坚持灵活机动的宣传风格，将宣传组织工作置于高度重要地位。如：要求共产党员人人都应是一个宣传者，平常口语之中须时时留意宣传；要求面向人民群众、要从外国语言中吸收我们所需要的成分、要学习古人语言中有生命的东西；还要求针对不同人群，不同形势，甚至突发事件采取不同宣传组织策略等。

全媒体时代，可以继续发扬党的宣传组织工作历史优势，灵活机动，因人因时因事，运用全媒体技术进行群众的宣传组织工作。

首先，全媒体技术倚赖的人际关系网络是自由、开放、无中心的，或基于现实的人际关系网络，或是因相互认可的价值观、共同拥有的兴趣爱好、较为相似的文化背景等，这种复杂的网状链接有助于党宣传组织群众，只要针对性进行灵活引领、宣传、组织，就会收到很好的效果；

其次，与传统的大张旗鼓的社会宣传动员相比较，全媒体时代的群众宣传组织可以是“悄悄话”式的，如果党和政府能够对整个人际网络中的信息流动进行宏观把握和灵活引导，可以在他人无法察觉的情况下完成目标群众的组织动员，并产生较为壮观的影响；

最后，移动互联网和新媒体技术的进步，极大地改变了信息传播的传统格局和生态场域，新兴媒体已经成为人们获取信息的主要渠道，其中变化最大的就是话语。一方面，网络表达自由平等，通过或俏皮或幽默或深刻或严肃的不同于现实话语的表达范式，进行个性化的宣传，更容易吸引受众，将广大人民群众团结在党的旗帜之下。另一方面，网络的话语表达形式丰富多样，文字、视频、直播、录播、图片单独或复合使用，对受众的刺激较之于传统媒体更有穿透力，走好网络群众路线，可以更好传播党的声音，讲好中国故事，走好中国式现代化道路。

可见，全媒体时代，“网络媒体不像报刊，仅有枯燥的文字，最多配一些相关图片；不像广播，只能用耳朵听，却没有任何的视觉效果；也比电视高明，因为它除了能够像电视那样声音与图像并茂，还能够辅助详细的说明文字。”[①]灵活充分运用多媒体信息传播的巨大综合性和强大包容性，为受众提供一个全方位调动各种感官的媒体空间，能够为党宣传群众、引导群众、组织群众提供强大的技术支持。

二. 全媒体时代群众宣传组织更迅速

党的历史，就是一部党与人民心连心、同呼吸、共命运的历史。美国学者亨廷顿曾指出，中国共产党成功的奥秘就在于“动员民众加入他们的组织”。早在 1926 年，毛泽东同志就在《国民革命与农民运动》一文中号

① 谢新洲．网络传播理论与实践[M]．北京：北京大学出版社，2004：15.

召全体共产党员："到你那熟悉的或不熟悉的乡村中间去，夏天晒着酷热的太阳，冬天冒着严寒的风雪，搀着农民的手，问他们痛苦些什么，问他们要些什么。"1938 年，它在《论持久战》中又再次强调：始终面向群众的政治动员"是一件绝大的事，战争首先要靠它取得胜利。"在长期的革命战争岁月中，党始终把宣传群众、组织群众放在与军事工作同等重要位置，"左手拿传单右手拿枪弹"展开宣传动员工作。

全媒体时代，扁平的人际关系网络，移动便捷的社交工具、多媒体的网络平台都使信息的生产、制作和传播变得非常简单且迅速，除了吸收成功的历史经验外，利用全媒体技术还可以更有时效。扁平的人际关系网络节点众多，节点与节点之间关系错综复杂，信息的复制与传播速度非常快，可以在很短的时间实现"广而告知"。移动便捷的社交工具，如智能手机的普及，快速拍照和同步碎片化的文字描述使很多突发事件或者现场活动得到快速传播，直接现场画面感已经成了新一代网络用户的阅读方式。多媒体的网络平台可以使用丰富多样的多媒体技术，将更多的人"链接"起来。如：2021 年 7 月，河南暴雨中断电、停水、断网的危急关头，河南籍大学生创建了一份"救命文档"，救援急需的物资、信息都可以在线编辑，24 小时访问破 250 万，为救援赢得了宝贵的时间，抢救了更多的生命和财产。特别是类似 ChatGPT 的人工智能的加入，使全媒体时代的信息传播呈现加速度。比如，自动化新闻写作机器人。它能根据算法在第一时间自动生成稿件，瞬时输出分析和研判，并在短短一分钟内将重要资讯和解读送达用户。

将全媒体技术运用于党的群众组织宣传工作中，首先，可以快速地将党的各类政策、文件、需要群众了解的信息等个性化快速传递给普通老百姓；其次，可以在遭遇疫情、洪水、地震等重大灾害的时候迅速组织资源，集结力量，尽快结束灾情。再次，可以在面对公共突发舆情或者危机事件时，迅速做出调查，在官方网站或者微博等平台第一时间告诉民众真相，避免因谎言导致更多的猜疑甚至恐慌，对各种不实虚假的报道或帖文进行处置，将影响降至最低。最后，可以利用全媒体技术平台对网络社情民意进行常规监测，对民众反响强烈的问题及时派出专门的调查组进行走访、处理并将结果在网络上公开反馈，防患于未然。

三. 全媒体时代群众宣传组织更广泛

党的宣传对象是全国人民，我们的队伍越壮大，我们的战略目标就更容易实现。革命早期，我们党就认识到了这一点，在1920年发布的《中国共产党宣言》中，就已指明："这一定要向工人、农人、兵士、水手和学生宣传，才成功。"在1928年发布的《宣传工作目前的任务》中，又再次指出："应当尽量扩大群众煽动工作的基础，应当利用一切公开与秘密工作的可能，在工人、苦力、流氓无产阶级，农民，兵士，职员，学徒，小手工艺工人，小资产阶级知识分子，特别是学生与小学教师中间加紧煽动工作。"抗日战争一开始，我们党便提出了一条广泛发动群众，武装群众，依靠群众对日作战，实行人民战争的全面抗战路线。并深深认为，中国是有力量进行抗战并最后取得胜利的，这种力量最深厚的根源存在于广大人民中，只有广泛动员和组织人民，才能抵御强敌，才能引导中国抗战取得最后胜利。事实证明了这一点。

全媒体时代，除了持续发扬党的优良传统，还可以运用全媒体技术，从增加海量表达内容、丰富便捷表达形式、大众传播培养、激发群众表达热情、广泛动员人力物力等方面使党的群众宣传组织工作更广泛深入。

一是利用全媒体技术可承载海量内容传播的特点，将党的最新理论成果、方针政策等进行分类、详细、多介质保存，方便群众根据需要随时查询。较之于传统媒体，全媒体技术可以实现超大容量传播，不会像传统媒体一样受限于版面、字数、固定容量的信息等，它可以打破这些物理空间的限制，将丰富多样的信息进行数字化处理，储存在硬盘云盘之中，仅通过几兆的网页空间便可以全部呈现出来。同时，利用全媒体不限时不限量储存和传播信息的特点，可以运行各类信息数据库，方便受众对历史档案、新闻事件等各类资料或文件进行随时分类检索。正如中国传媒大学雷跃捷教授所言："随着时间的推移，网络媒体可将同一事件的相关信息归纳、分类，形成了解事件全貌且便于检索的新闻专辑，然后，分期、分批地将重要资料以数据库形式存储。这样，新近发生的事实的报道就以历史文献资料的形式保留下来。”①

二是利用全媒体技术多媒体并用和交互功能强大等特点，将党的最新理论和方针政策等用文字、图表、图片、声音、动画、影像等多种传播方式生动表达。“它可以组织深度报道，而且比报刊更能就某一事件进行全面、深入、细致、充分的报道；它的图像、图表、声音和视频可以使报道生动形象，具有广播与电视一样的现场感；它的信息可以随时更新，以电子速度在网络中流动，迅速及时，又不受版面、时段与频率的限制，发布无限量的信息；还容易保存，更可提供全文检索。”②同时，全媒体信息传播是一种开放式的交互传播，这种强交互性有别于传统媒体的传者与受者，也就是单向的传播和接受的过程。二者之间可以进行自由的深度沟通交流，传播者可以很快收集到反馈意见，并据此对政策或施行方案进行调整。

三是利用全媒体技术主体参与意愿强和可“培养”特点，鼓励广大人民群众积极参与国家大政方针的制定，引导他们同心筑梦，早日实现社会主义现代化强国目标。在现实社会生活中，大多数人并不是社会组织活动的积极参与者，尤其是在参与障碍多、成本大的情况下，参与意愿就更弱。而运用全媒体技术进行沟通交流，自由、方便、快捷、成本低、障碍小、交互性强，效果呈现周期短，人民群众通过多媒体平台参政议政的意愿明显比现实生活中要高。除此之外，根据美国传播学学者沃尔特·李普曼（Walter Lippmann）的观点，他认为：在大众传播高度发达的现代社会，人们的行为与三种意义上的“现实”发生着密切的联系：一是实际存在的“客观现实”；二是传播媒介有选择地提示的“象征性现实”，即拟态环境；三是人们在自己头脑中描绘的“关于外部世界的图像”，即主观现实。在传统社会中，主观现实是对客观现实较为直接的反映，而在全媒体社会，人们对客观现实的认识往往需要经过媒介提示的“象征性现实”的中介。这一中介对人们认识和来理解现实世界发挥着巨大的影响。利用这一特征，党可以运用全媒体技术进行长期的、潜移默化的“培养”过程，在不知不觉中引导人们的现实观。

① 雷跃捷，辛欣．网络新闻传播概论[M]．北京：北京广播学院出版社，2001：89.
② 董天策．网络新闻传播学[M]．福州：福建人民出版社，2004：47.

第三章　全媒体时代党提升群众组织力的现实挑战

如上所述，全媒体时代各种新技术、新应用的快速发展，拓宽了党群沟通渠道，增强了党群沟通时效，扩大了党群沟通范围，使得党群联系沟通更方便快捷，全媒体交互平台开放性、广泛性、虚拟性和隐匿性等特点，让党收集社情民意更真实、更多元、更精准、更高效，让党宣传组织群众更灵活、更迅速、更广泛，为全媒体时代党提升群众组织力提供了良好机遇。但全媒体技术的发展和运用就像一把锋利的双刃剑，它为党群众之间提供便捷的沟通与交流，也为党提升群众组织力造成了严峻的挑战。

第一节　去中心化趋势增加了党的群众引领难度

信息网络的发展，促使人类文明迈向以数字化、网络化为表征的媒介化发展新阶段。与报纸、广播、电视等传统媒体相比较，在全媒体技术支持下出现的媒介形态，如博客、网络杂志与微信平台、移动多媒体、数字电视、楼宇视频、网上即时通信群组、对话链和虚拟社区等新媒介构成了全媒体发展的主要内容和特征。网络技术以其特有方式催生和创造了一个没有强权和中心的、全新的、平等的信息空间，引起单向度交往到多元化交互的质变，传统的公众意见模式、观念模式、舆论模式都发生了重大的结构性变化，洋溢着个性化、自由化、去中心化的特征。

即在一个分布有众多节点的系统中，每个节点都具有高度自治的特征。节点之间可以自有链接，形成新的连接单元。任何一个节点都可能成为阶段性的中心，但不具备强制性的中心控制模式。节点与节点之间的影响，会通过网络而形成非线性因果关系。这里的“去中心化”，不是不要中心，而是由节点来自由选择中心。比如微博，微博上有很多大 V、明星们拥有很多粉丝，一条短短的微博可以产生巨大的影响力，甚至左右舆论的风向。这是中心。但是每个人都有成为大 V 的机会，每个人可能晚上发一条微博后睡觉，明天早上发现几万条甚至更多的评论、转发，这就是由节点选择中心。站在密切党群关系的角度，全媒体平台去中心化的趋势显著增加了党员干部引领广大人民群众的难度。

一．去中心化趋势弱化了传统媒体的话语主权

传统媒体是一个相对的概念。报纸、杂志等媒体每日一次的信息获取方式被相对灵活的电台打破，不仅有声音还有图像集成体验的电视又代替电台和纸媒成为主流。全媒体时代的到来，这些媒体都成为了“传统媒体”。传统媒体采用的是“一对多”“自上而下”“点对面”的传播模式，其中传播者和受众的界限十分分明，这种模式保证了传统媒体在信息筛选和议程设置上的绝对特权。话语是到达现实世界的重要手段，话语权的垄断能够左右、改变甚至颠覆人们对现实世界的看法。传统媒体时代，党运用传统媒体工具，将信息事件加以加工处理，并以一定的宣传手段和表现形式进行宣传，突出信息积极性的一面，引导人民群众从正确的方向思考社会现状和格局，这种舆论导向对党的群众工作是有利的。有利于统一思想，全国上下一盘棋，带领人民群众同心协力搞好国家建设。

与传统媒体相比较，全媒体技术颠覆了原有的传播模式。全媒体时代，传播模式是去中心化的。在这种扁平的网络空间中，人们个性表达的自由度空前提高，表达的欲望也被快速激发，极大地拓展了人们参与社会事务和公共事务的能力。全媒体时代，民众足不出户就可以知晓全世界正在发生的事情，也可以轻松随意进行评价。在全媒体平台，用户只需要通过简单的注册申请，再根据平台提供的网络空间、可选模板和“傻瓜式”的操作说明，就可以利用版面管理等工具，在选定的媒体平台上发布文字、音乐、图片、视频等信息，创建出自己的“表达话语”。这个时候，传播者和受众之间的界限变得模糊，每个人都是传播者，每个人都是媒体，二者之间的传播模式就从“一对多”变成了“多对多”，“点对面”变成了“面对

面”，“自上而下”变成了“自由平等”。不仅如此，模糊的传播者和受众之间还具有非常强的瞬时交互功能，通过媒体平台上的各个节点，个体的声音被放大，被大众听到，网络上的每个个体都获得了前所未有的表达权力。

全媒体时代的到来，承载了人类社会前所未有的沟通和表达的换代升级。通过全媒体平台，个体的话语权在网络的各个节点上得到了空前的放大，拓宽了民众信息发现的途径，丰富了民众的思想。它的出现已经打破了传统媒体的垄断地位，正在重新定义全媒体时代的传播逻辑和传播范式，用其独特的强大力量重塑着我们的媒体生态和舆论生态。传统媒体在新兴媒体的全面冲击下，垄断地位逐渐被打破，话语主权不断被弱化。全媒体技术的零门槛、去中心、低成本等优势，使得个体用户发布的信息内容不完全受网站的控制，传统媒体对信息的筛选以及议程设置的特权正在面临前所未有的挑战，将增加党对群众引领的难度。党必须要跟上时代，融合整合传统主流媒体的力量，成功实现全媒体时代的转型升级，构建新型主流媒体，重新赢得话语主权，实现有效的舆论引领。

二. 去中心化趋势增强了个体表达的独立特质

传统媒体掌控社会议题和“社会舆论”，传播者在其中产生决定性影响。全媒体时代，个体的“舆论权利”从一个低谷跃升到前所未有的舆论高地，变成了“舆论权力”，个体的身份也从“权利”的被动给予者变成了“权力”的主动施予者。也就是说，任何一个个体可以在任何时候、任何地点发布关于任何事情的观点或者评价信息，独立自由地表达自己的观点，并由此获得不同程度的话语权。

全媒体时代，各种媒介平台具备了更多的便捷性和自主性，公众参与国家政治、经济和社会发展等重大话题讨论的机会前所未有。而且各种媒介还在不断刺激、努力挖掘个体的积极性和主动性，极大地解放了个体的创造与贡献的潜能，使互联网的创造力上升到了量级。同时，个体表达权的扩展和延伸，也使其主体意识得到了前所未有的发挥和膨胀，进一步弱化了传统媒体的话语主权，增加了党和政府引领广大人民群众的难度。

美国数字预言家埃瑟·戴森（Esther Dyson）曾经说过：“网络不属于任

何一个国家或团体，它帮助多种多样的势力行动，不论它们是好是坏。”[①]这是因为：一是网络技术采用的是交互式结构设计，这种去中心化设计使各个节点之间可以平等地交互通信，同时具有无数个信息源和信息接受点，可以帮助个体随时随地在媒体平台自由发言；二是数字技术把所有信息都数字化成二进制组成的数据，保证了各种信息之间的平等传递，与信息的准确性、重要性无关；三是被数字化的信息不仅可以迅速传递，而且可以被无限复制、长久保存，这表示信息传播的成本极低，人们可能拥有更为均等的获取信息的机会；四是全媒体平台识别个人身份的主要标志是IP地址，而IP地址不存在地位和身份的悬殊差异，更方便平等交流。因此，党和政府要适应全媒体时代发展需要，认清其中的去中心化趋势，在充分尊重网络个体表达独立特质的基础上，打造主流融媒体引领人民群众，消解个体话语权加大带来的潜在风险。

三．去中心化趋势暗蕴了网络民意的现实效应

去中心化趋势暗蕴了网络民意发展的沉默螺旋效应、多米诺骨牌效应、羊群效应和聚合放大效应等，党和政府在关注网络民意时需要预判风险，顺势引导。

沉默螺旋效应指的是：一个人自己的意见在极大程度上依赖于他人的想法，依赖于对他人意见的理解；当人们在表达自己的想法和观点的时候，如果觉得自己的观点是少数派，人们将不愿意坦诚自己的看法而保持沉默；而如果人们觉得自己的想法和观点能够广受欢迎，就会勇敢地说出来，并积极地发表和传播自己的意见和看法；意见一方的沉默造成了另一方的增势，如此循环往复，于是少数派的声音越来越小，多数派的声音越来越大，形成一种螺旋式上升的发展模式，在各种大众媒介的参与下，螺旋往往形成得更快。这一理论最早由诺埃勒·诺依曼（Nelle Neumann）提出。全媒体时代的到来，并没有消解沉默螺旋效应，反而强化了这一螺旋过程。防范这一风险，要求党和政府常态化关注网络民意的主流意见，并将这一意

① [美]埃瑟·戴森. 2.0版数字化时代的生活设计[M]. 胡泳，范海燕译. 海口：海南出版社. 1998：17-19.

见转化为个体对社会价值的主要认知，绝对不能成为沉默的少数。

多米诺骨牌效应指的是：在一个相互关联的系统内部，一个很小的初始能量，能够产生环环相扣的一连串的连锁反应。多米诺骨牌效应产生的能量是十分巨大的，其能量是呈现几何级数增长的。如：第一棵树的砍伐，最后导致了森林的消失；一日的荒废，可能是一生荒废的开始；第一场强权战争的出现，可能是使整个世界文明化为灰烬的力量。也就是说，一个很微小的力量也能够引起翻天覆地的变化。全媒体时代，网络信息的传播也可能引发多米诺骨牌效应。可能是某一个普通的帖子，或者短视频，经过全媒体的推送，引发大量网民的跟帖、置顶、转帖、热论、搜索等行为，就有可能成为舆论的热点、焦点问题，引发网络舆情。面对舆情风险，党和政府要积极做好网络舆情监测、强化网络舆情管理，防患于未然。

羊群效应指的是：由于信息不充分和对情况缺乏切实的了解，人们很难对事情的发展作出合理预期，往往是通过观察周围人群的言行来提取信息，在这种信息的不断传递中，人们自觉不自觉地以多数人的意见为准则来做出判断和形成印象，且彼此强化，从而产生从众行为。羊群是个散乱的组织，很多时候是盲目地横冲直撞，但是一旦一只领头羊朝一个方向动起来，其他的羊将会不假思索地跟着行动。也就是说，个体有可能引发集体非理性行为的风险。这要求党要掌好舵，领好航，举旗定向，才能带领中国这艘大船扬帆远航。要求党员干部要做好“领头羊”，才能在关键时刻保持战略定力，带领广大人民群众实现伟大梦想。

聚合放大效应指的是：由于网络媒体的作用，一些偶发的、地域性的事件在一个瞬间被“放大”；某个不起眼的报道经过人民网、新华网、新浪网、搜狐网等网站的转载，博客和新闻跟帖的迅速反应后，会立即成为全国性乃至世界性的新闻。网络的联动效应、链接效应使其在极短的时间内实现最大范围的传播，引发网民热议，迅速形成难以估量的社会反响，产生任何人都难以忽视的，前所未有的“放大效应”。这种“放大效应”具有受众广泛，传播迅速，交互传递，能够准确把握受众兴趣偏好等特点。这要求党和政府各级部门，特别是网络舆论监管部门，要做好网络舆情的常态化监测工作，及时介入事件真相调查，并尽快澄清事实，将可能演化为大的舆情的事件消灭在萌芽状态。

第二节 裂变传播特点加大了群众舆论研判难度

全媒体时代，网络舆论表达具有四个主要特征：一是意见主体的隐匿、自由与差异性。通过网络平台发表意见一般门槛较低，甚至不需要提供真实的个人信息，人人只要愿意皆可表达而且不易被发现；二是传播渠道多元、共生、相互交错。微博、论坛、贴吧、博客、网络杂志、手机报与收集电视等都可以进行交叉互相传播，而且影响深远；三是网络信息内容海量、散乱、复杂、真假难辨。由于网络的自由性、开放性和个性化特征，在网络舆论中，理智与非理智、真理与谎言、理性与感性、建设性与破坏性重叠共存，真伪很难辨识；四是网络表达的快捷、方便、开放与平等。网民随时可以通过网络直接展示他们的快乐与愤怒等情绪以及表达对现实问题的看法与主张。信息网络突破了单向传播，时空阻隔以及互动不足的局限与羁绊，通过互联网的表达更加直白与开放，激发了人们对于网络舆情表达的热情与希望。这些特征都让网络舆论的表达变得复杂多样，真伪莫变，尤其是其裂变传播特性，很短时间就可以让舆论发酵，产生巨大影响力，让舆情的研判、处理、解决难度显著加大，需要在很短时间内查明真相，公布事实，或者表明处理态度，否则有可能就演变成难以控制的舆情事件。

一. 裂变传播特点引发了蛛网传播的蝴蝶效应

全媒体时代，一对一的传递、一对多的群发、多对多的互动，多种网络媒介以其独特的传播方式和允许以网名、昵称等非完全实名的形式，让网民充分表达、分享自己的情感、态度、意见、观点。这种环境下，信息发布、观点传递的便捷和自由，让每个人都可以成为信息的发布者、浏览者、评论者、转载者，这使得人们对当下出现的一些现象、问题可以随时在平台上发表自己的观点、意见，舆情形成和传播的速度之快、承载观点之多、覆盖范围之广、产生影响之大超乎想象。这种裂变传播特点可以让事件快速发酵，出现强蝴蝶效应。

所谓蝴蝶效应，指的是在一个动力系统中，初始条件下微小的变化能带动整个系统长期的巨大的连锁反应。这是一种混沌现象。美国气象学家爱德华·N. 罗伦兹（Edward N. Lorentz）1963 年在一篇提交给纽约科学院的论文中分析了这个效应。对这个效应最常见的阐述是："一南美洲亚马孙河流域热带雨林中的蝴蝶，偶尔扇动几下翅膀，可以在两周以后引起美国得克萨斯州的一场龙卷风。"其原因是扇动翅膀的运动导致其身边的空气系统发生变化，并产生微弱的气流，而微弱的气流又会引起四周空气或其他系统产生相应的变化，由此引起一个连锁反应，最终导致其他系统的极大变化。

全媒体平台具有天然的放大个体用户声音的作用。在这个完整的以人际关系为纽带的平台上，用户的声音往往能够在瞬间得到爆炸性的放大效果。经由一个个传播爆炸点的倍增放大作用，个体的声音极有可能在短时间内传遍互联网。因此，在全媒体平台上任何一个看似弱小的声音，往往能在短时期内引发网络舆论的巨大风暴。这是蝴蝶效应在全媒体时代所具有的新的传播学特质，即蝴蝶效应的强传播特质。这种信息在社会化媒体网络上的传递跟蛛网上的节点动力传导机制极其类似，这就是社会化媒体时代网络信息传导的"蛛网传播模型"。社会化媒体平台上信息源的传播是显性的，是能够被用户准确感知的，它区别于传播蝴蝶效应中信息传播的隐性和不易被发现的特征。这种能让一个看似微小的舆论在短时间内产生巨大的社会影响力，最大限度地吸引网络的关注的强蝴蝶效应可能是有益的，也可能是有害的。党和政府要不断提升自身的群众舆论研判能力，对有益的舆论进行正向引导，最大限度扩大影响。反之，对有害的舆论要防范于未然，尽早消灭在萌芽之中。

二. 裂变传播特点加剧了虚假信息的传播速度

谣言指的是一些未经证实却被广为传播的信息，其内容具有不确定性。虚假信息就是已经确定了的不真实的信息。古语有云："众议成林，无翼而飞”。谣言和虚假信息一旦传播会有很大的负面影响。全媒体时代，谣言或虚假信息会乘着网络群圈化加裂变传播之翼，产生不可估量的破坏性影响。有报道披露：当网络谣传“猫狗会感染病毒”时，有不少人直接将养的猫狗摔死。而现实生活中，这种谣言或虚假信息满天飞，数量之大，令人诧舌。如：《今日头条》2022 年度谣言治理报告显示：2022 年，《今日头条》累计已处理虚假谣言 92 万条，处理违规账号 4 万多个，发布辟谣文章 11 万条，总曝光量超 280 亿次。

全媒体时代，媒体技术手段迭代更新十分迅速，网络谣言或虚假信息的技术制作越来越“逼真”，技术对人们的控制力日益增大，别有用心的信息制造者以视频或图片等多媒体形式“再造事实”，极难辨别真假。如：轰动一时的“特朗普被警察围捕的 AI 生成图片”，惟妙惟肖，即便仔细观察，也感觉这是一张“正常”的照片。更诡异的是，越来越多的网友加入其中，纷纷分享这张图片，甚至还有特朗普“火并”大场面，从“被捕”到了“越狱”再到“火并”，简直是一部好莱坞剧本大片。这还是在明知为伪的情况下。如果不明真相，这种谣言采取移花接木的方式诉诸图片或视频形式，就会带来极强的负面视觉冲击力，再加上一些反常或惊悚的解说，就很容易造成很高的网络热度。如：2023 年 5 月，“湖北武汉一小学生在校内被老师驾车撞倒后二次碾压身亡”事件发生后，四川齐某某在未经核实的情况下，编造“小孩妈妈哭得伤心都是演戏，一共赔偿了 260 万”等谣言信息，给当事人造成严重伤害，造成恶劣社会影响。而且，基于“有图有真相”的思维定式，网民第一时间普遍会信以为真，蒙蔽性极强。据统计分析，当前 70%的谣言都配有图片作为支撑，社交信息消费已进入了读图时代；还有近五分之一谣言是以小视频的形式出现，通过字幕误导民众。此外，借助机器学习，操纵图像视频和音频内容，更改人脸的“深度伪造”技术，可生成众多虚假视频和音频新闻，使民众无法辨别信息的真伪，若不及时规范此类技术，网民将无法信任看似真实的视频或图片内容。

“裂变”一词原用于细胞学和核科学领域，意思是一个细胞或原子核分裂为两个，两个再分裂为多个，并在分裂过程中产生巨大的能量或引起重大的变化。全媒体时代不仅信息制作技术性更强，而且传播过程也呈现出明显的裂变特征。这种裂变绝不等同于简单的复制。裂变式传播可以将文件或信息在传播过程中复制为多份，同时在完成信息传播功能之后还可以产生强大的作用力和影响力。这种裂变式传播大大加剧了谣言或者虚假信息传播的速度，会以极其低廉的代价造成社会的恐慌与焦虑，影响国家政治稳定。同时，也会降低政府信息的可信度，带来社会公信力危机。这要求党和政府要做好网络谣言或虚假信息的治理工作，如：通过源头审核设立信息传播准入门槛，给网络谣言或者虚假信息贴上标签等等都是比较好的方法，能够为谣言撒上“显影剂”、贴上“识别码”，最大限度挤压网络谣言或者虚假信息生存空间，让网络谣言或虚假信息无处遁形。

三. 裂变传播特点滋生了网络炒作的产业土壤

网络炒作是一种混合了公关、新闻、广告等多种信息形式的传播手段，是随着新媒体的迅速发展而成为屡见不鲜的现象。全媒体时代，由于信息在网络上裂变的速度非常之快，网络舆论对社会和公众影响的不断增大，出现了以网络炒作为营生的网络公关公司、网络推手、网络水军等，网络公关公司受客户的委托，在网上炒作某个话题或人物来达到宣传、推销或者诋毁他人或产品的目的，为此雇用了大量的网络推手、网络水军，在网络推手的组织下，网络水军以各种手法和名目在互联网的各大网络论坛上短时期内大量地发帖和回帖，炮制网络热点事件，捧红各色人物，营造虚假民意，形成虚假的网络舆情。

炒作原本是个中性词，如今已变成人尽皆知的贬义词。原因就在于，很多网络炒作，已经到了无原则、无底线的地步。谎话连篇已成常态，胡编乱造不以为然，制造事件层出不穷，低俗恶俗司空见惯。只要能红、能赚钱，就可以不择手段，将法律和道德统统抛在一边。粉丝团、应援队、雇水军等，在有些人的蛊惑下，甚至发表与权威部门调查结果完全相悖的言论，形成新一波的炒作；有些人遇到感情纠葛、消费纠纷等，也不愿选择法律手段，而是通过炒作为自己维权，却不知就算本来站在法理一边，也很可能越过了法律的底线。

无底线的炒作，不仅严重破坏网络空间秩序，还严重挤占网络资源和社会资源，更是在输出不正确的价值观。一人炒作成功，众人趋之若鹜，变本加厉地仿效，常常搞得网络空间乌烟瘴气。即便某个炒作事件被发现被制止，所带来的次生灾害也将长期存在。近年来，公安机关网安部门依托“净网”系列专项行动，持续对“网络水军”相关违法犯罪依法开展侦查打击，从2019年到2022年侦办相关案件600余起，抓获嫌疑人4000余名，取得显著成效，“网络水军”犯罪生存空间被全面挤压，有力震慑了相关违法犯罪活动，有效净化了网络环境。2023年，全国公安机关打击整治“网络水军”专项行动中，依法侦办“网络水军”案件 130 余起，抓获犯罪嫌疑人 620 余人。其中，河北公安机关侦破一起“利用热点话题炒作实施敲诈勒索”的“网络水军”案件，抓获犯罪嫌疑人81人；浙江公安机关侦办一起使用群控软件提供虚假“点评赞”服务的“网络水军”案件，目前已依法刑事处理 9 人；山东公安机关侦办一起粉丝数量超过 150 万的网络大 V，利用制造热点话题实施敲诈勒索的“网络水军”案件，目前已依法刑事处理3人。可见网络炒作已经产业化。

受“流量经济”“粉丝经济”的影响，“网络水军”犹如网络空间的牛皮癣，具有很强的顽固性，并且呈现出组织化、层级化的特征，新问题、新情况不断出现，屡打不绝、屡禁不止。有的“网络水军”为养号谋利，通过发布违法有害信息“造热点”“蹭热点”，意图操控或扰乱网上舆论秩序；有的利用炒作负面信息实施敲诈勒索，侵害群众合法权益；有的非法提供有偿删帖和刷量控评炒作服务，破坏市场经济和社会管理秩序……种种网络乱象，轻则影响公众的判断，重则损害他人权利，影响社会公平，更有甚者可能威胁社会稳定和国家安全。

在网络炒作产业中，通常包括三类主体：客户、网络公关公司和网络水军。网络公关公司是客户与网络水军之间的中介，负责联系客户，得到任务，收取酬金，同时也负责招募、管理网络水军，发放任务和酬金等。其业务流程为：网络公关公司收到客户委托后，进行任务筹划和分工，将任务下发给网络推手（也称为水军头目），网络推手组织网络水军完成任务，并负责任务审核和酬金发放等。网络水军赚钱的模式为：领取新任务、完成任务、汇报任务、等待审核、审核通过、结算报酬。这样，网络公关公司、网络推手、网络水军就形成了灰色利益链，他们在实现客户目标的同时也获得自身利益。据公安部门调查，当前国内一些大的网络论坛，有50%左右的帖子是人为炒作推出来的。所谓“热门帖”“精华帖”等，很少是网民自发点击、回帖形成的，背后几乎都有网络炒家在积极推动，都是由网络水军实施的，这种虚假的网络舆情背后都是网络灰色产业在支撑。

网络水军及其网络灰色产业链具有很大的危害性，在网络舆情中存在歪曲失真信息泛滥、网民群体极化倾向严重、境内外不法分子恶意操纵、国外敌对势力渗透性入侵等隐患，有可能产生错误的舆论导向，不仅扰乱党的群众舆论研判，减弱政府公信力，而且容易引发社会群体性事件，严重影响社会政治稳定。对于网络负面炒作行为，要出台法律法规进行严惩，斩断负面炒作灰色产业链。

第三节 恶意网络攻击冲淡了党的群众政治认同

国家安全是安邦定国的重要基石。维护国家安全是全国各族人民根本利益所在。2015年7月1日，《中华人民共和国国家安全法》颁布实施，开启了国家安全法治建设的崭新篇章。构建集政治安全、国土安全、军事安全、经济安全、文化安全、社会安全、科技安全、信息安全、生态安全、资源安全、核安全等于一体的国家安全体系，保障国家政权、主权、统一和领土完整、人民福祉、经济社会可持续发展和国家其他重大利益相对处于没有危险和不受内外威胁的状态及保障持续安全状态是推动中国式现代化，是实现第二个百年梦想的社会基础。

意识形态安全是国家安全体系的重要组成部分，网络意识形态安全则体现了国家安全、意识形态安全以及网络安全的叠加集成。在全媒体平台这个“舆论斗争的主战场”，能否顶得住、打得赢，直接关系我国意识形态安全和政治安全。习近平总书记在党的二十大报告中指出，要“强化经济、重大基础设施、金融、网络、数据、生物、资源、核、太空、海洋等安全保障体系建设”，其中就包括网络安全。冷战结束后，以美国为首的西方国家高度重视意识形态的对外输出，并把意识形态渗透与军事征服、经济掠夺一国视为谋求霸权的重要手段。互联网的兴起，全媒体时代的到来，助推美国政府的意识形态从传统媒体转向全媒体，具象化渗透日渐深入、炒作性花样不断翻新、诱导性渗透深藏不露，颠倒是非黑白，抹黑党和国家形象。其目的就是破坏中国国家的统一，扰乱中华民族伟大复兴的步伐。此外，各种网络推手为了各自目的制造谣言误导和操控民意，民众在全媒体平台上对社会或他人进行不满情绪宣泄，特别是其非理性甚至罔顾事实的表达同样也会严重影响党和政府的形象，冲淡广大人民群众对党和政府的政治认同。

一．境外势力网络攻击抹黑党和国家形象

意识形态是一个国家的精神支柱，关乎旗帜，关乎道路，关乎国家政治安全。历史和现实反复证明，搞乱一个社会、颠覆一个政权，往往先从意识形态领域打开缺口，先从搞乱人们的思想入手。思想防线一旦被攻破，其他防线就很难守住，政权安全和制度安全也会随之垮塌。全媒体时代，随着中国有效防范重大社会风险切实维护国家安全等一系列策略和措施的落实，一个道路自信、理论自信、制度自信和文化自信的中国使得美国原有的政治孤立、文化侵袭和人权指责等对华意识形态渗透方式很难发挥更大的威慑和破坏作用，于是变换渗透手段，通过全媒体平台，以内容更加隐蔽、形式更加多样、方法更加弥散的方式，攻击抹黑党和国家形象，妄图摧毁中国人的认知体系、价值体系和信仰体系，进而实现美国人预想的“颜色革命”。

首先，采用日常化的网络多媒介宣传弱化社会主义核心价值观的养成实效。马克思指出，“意识在任何时候都只能是被意识到了的存在，而人们的存在就是他们的生活过程。”[①]换言之，任何一种意识形态活动都不是纯观念的抽象的自在运动，只能而且必然是人们感性活动特别是日常生活活动的反映。基于这样的逻辑，为了发挥意识形态的渗透效应，美国通过其发达的媒介技术、较成熟的话语体系以及立体化与可视化的营销方式，将

---

① 胡海波．马克思恩格斯文化观研究[D]．东北师范大学，2010．

那些负载美国知识体系、价值体系和信仰体系的文化产品、生活方式、消费形式在全媒体平台大力推广，以此冲击或消减中国社会主义核心价值观教育的功效。社会主义核心价值观是新时代中国的主流意识形态，是当代中国精神的集中体现，是全体中国人民的共同价值追求，是坚持和发展中国特色社会主义的基本价值遵循，已经在中国深入人心。但包裹着美国认知体系、价值体系和信仰体系的意识形态以生动、新奇的传播方式出现时，很容易吸引普通民众的目光，特别是虚拟化的网络人际交往平台更容易使他们产生兴趣。如果任凭这一负载感性刺激和体验活动的意识形态所主导，那么，以社会主义核心价值观为主要内容的主流意识形态教育将面临严峻的挑战。

其次，恶意炒作各种热点事件影响普通民众的政治鉴别力。“政治鉴别力，是一个人、一个政党或一个组织始终站在政治立场和政治高度对国内外各种社会现象、事件、关系及形势等问题上的洞察、预见、甄别、分析和判断的能力，是个人、政党组织的政治方向、政治立场、政治经验和政治行为的综合体现。”①政治鉴别力关乎人的政治立场、行为和方向问题，缺乏政治鉴别力或者政治鉴别力模糊的人，轻者降低政治敏锐性，模糊政治识别力，容易迷失方向阻碍个人发展；重者误导政治判断力和政治执行力，损害国家和民族利益。美国为了毁损中国国际形象，扰乱中国发展步伐，影响国际舆论，误导中国公民政治立场和判断，常常打着所谓“自由”“民主”“人权”的幌子在国际舆论场上炒作中国话题，比如“中国病毒”“武汉肺炎”“新疆黑棉花”“中国威胁论”“中国新殖民论”等等。为了炒热产生轰动效应，往往采取移花接木、时空穿越、技术拼装等现代技术摆出所谓的证据链条，混淆国际视听，抹黑、丑化、攻击中国共产党和政府，给中国发展和中国形象的塑造造成了很大负面影响。这种基于美国技术优势和话语优势强势植入国际舆论场域，而且有着很大的隐蔽性传播效应的炒作性渗透，很容易在舆论群体极化下产生效用，长时间的传播和炒作会从根基上触及人民群众的政治立场和政治认同。

---

① 宋志红，刘书林．引领社会思潮的关键在于高校党委的政治敏感性和政治鉴别力［J］．清华大学学报（哲学社会科学版），2010，25（S1）：110-115．

最后，在中国内部通过利益输送等方式培植网络间谍影响国家政治安全。政治安全是一个国家主权、领土、政权、意识形态等不受威胁、不出事故、处于稳定安全的状态，是国家总体安全的核心和保证。只有政治安全，才能保证经济、文化、军事等的安全；反之如果政治不安全，经济、文化、军事安全都难以保障。从这个意义上讲，政治安全是根本。正是基于这一目的，冷战结束后，美国一刻也没有放松对中国政治安全的渗透和蚕食。早期采取的是接触式经贸往来、人文交流等，试图影响中国渐趋发生政治上的变化。进入全媒体时代，美国内外上下联动，多措并举，通过利益输送等方式利用网络媒体等诱导政府工作人员、网络公知、科教人员、留学生，甚至内地学生窃取国家情报和机密文件；借助国内突发事件和热点问题肆意歪曲、制造假象，混淆视听；借助网络媒体平台制造国际舆论，抹黑、丑化、攻击党和政府，攻击我国的政治制度和发展道路等，妄图颠覆党和国家政权，引发社会动荡。

对此，我们党要保持清醒认识，必须坚持马克思主义指导地位不动摇，全面学习贯彻习近平新时代中国特色社会主义思想，旗帜鲜明加强思想舆论引导，以习近平总书记提出的“有利于坚持中国共产党领导和我国社会主义制度、有利于推动改革发展、有利于增进全国各族人民团结、有利于维护社会和谐稳定”“四个有利于”为标准，一方面，着力提高讲好中国故事的能力，用外国人听得懂、易接受的话语体系和表述方式，深入阐释中国理念、中国主张、中国方案。另一方面，也要有明确的风险防范意识，着力提高舆论斗争能力，针对境外一些势力和人员对我国的攻击抹黑，及时进行回应和反制，有效放大正面声音，坚定维护国家利益和国家形象，防范西方敌对势力网络意识形态攻击导致的国家安全风险。

二. 网络推手制造谣言以误导和操控民意

网络社会改变了传统社会的纵向等级结构，形成社会结构的横向发展趋势；改变了传统信息传播中的垄断地位，形成信息主体间平等传播的结果。博客、论坛、网络社区等极大地丰富了民意表达的渠道，特别是通过网络论坛、新闻跟帖等载体，可以将众多网民的声音呈现在公众面前，人们渐渐将这些声音视为民意的反映。收集整理这些声音，似乎可以在很短的时间内高效率地掌握舆情，了解人民群众对某一新鲜事物的评价。在一些部门的舆情监测工作中，也越来越多地考虑将网络反映的舆情视为人民群众的声音。

通过收集和整理网络舆情，很好地填补了党和政府过去在问题觉察机制中的空白，将传统视野中未曾包括的意见表达渠道纳入了社会风险与公共危机管理的决策链，为推进中国式现代化和保障社会经济持续稳定发展提供了重要支撑。但是，在网络舆情受到空前重视的同时，我们也要看到，在种种外力和内因的作用下，网络舆情中既有反映广大人民群众心声的一面，也有饱受其他利益侵蚀、偏离真实民意的一面，网络推手在其中扮演了非常重要的角色。

网络推手，是指借助网络媒介进行策划、实施并推动特定对象，使之产生影响力和知名度的人，对象包括：企业、品牌、事件以及个人。其原本是中性词，无好坏之分。网络推手正面推动可培养一大批正能量网络红人，发挥积极影响。但从现实层面来看，网络推手更大程度上起到了负面作用。如：日益职业化、规模化的网络水军，他们通过操纵多个平台账号、生成虚假流量数据、制造虚假舆论热点等伪装民意。一是养号控评，将自己的诉求隐藏在热评之后。网络推手通过有组织、有规模的集体行动，“控制”评论区，发出对自己有利的评论。从购物、住酒店，到买房置业、线上教育，养号控评的生意无处不在，负责在各类官方账号评论区控评的“熟练工”，可以轻易实现定调、煽动、甩锅甚至倒逼删帖等目的。二是水军投票，伪造口碑扰乱市场。口碑关乎利益，与票房、播放量等数据紧密相关。水军力量的加入，使得干预口碑成为可能，不仅能够粉饰自己，还能抹黑对手。在掺水和造假的数据泡沫中，数据公司的生意日益红火，榜单层出不穷，投票五花八门。各为其主的数据公司推出互相矛盾的榜单，市场秩序变得混乱不堪。三是营销号抱团，制造热点乱舆论。营销号自说自话、左右互搏、炮制话题一条龙，早已经不是什么新鲜事。深谙网络传播规律的营销公司层出不穷地制造出并不存在的热点事件，再利用其养大的关键意见领袖矩阵，刷出千万级阅读量、百万级转载评论，掀起巨大声浪。

在网络推手的作用下，真实的民意在金钱的作用下被鼠标点击走了样，不仅没有带来社会的公平与公正，反而带来了一种更为隐蔽的不公正。花样百出的虚假数据、虚假信息站上舆论风口，营销号、水军公司成为互联网舆论的真正传播和操控者，真正的民意有时被裹挟其中，随着节奏横冲直撞，有时反而无奈地成为沉默的大多数，淹没在“大水漫灌”之中，变得面目全非。而大 V 号召、KOL 结阵、网络煽动、造谣引战、对立诋毁、操控舆情等破坏舆论秩序、动辄使人“社死”等行为使网络民意变得鱼龙混杂，黑白不分，有可能使党和政府在面对汹涌“民意”时发生误判，为人民群众服务变成为网络推手服务。因此，在舆情高涨、群情激愤之时，相关部门更应保持冷静、审慎发言，切忌一味迎合舆论。如果只求息事宁人、按闹分配，很可能迎合的是“假民意”，带来的是“真危害”。应深入调查，凭着实事求是的态度，公正发声，还网络世界一片清朗空间。

三. 民众情绪宣泄助长了网络非理性表达

改革开放四十多年，中国方方面面取得的成绩令世界瞩目。但充分肯定党和国家事业取得伟大成就的同时，也必须清醒认识到，我们当前仍然面临不少困难和问题。意识形态领域存在不少挑战；城乡区域发展和收入分配差距仍然较大；群众在就业、教育、医疗、托育、养老、住房等方面面临不少难题；生态环境保护任务依然艰巨。这些问题关系着广大人民群众的切身利益，难免让身居其中的他们有不满情绪。相对自由开放的全媒体平台恰好迎合了普通民众的这一需要，成为了他们进行情绪宣泄的空间。如果只是一般的、零散的或是理性的情绪表达，并不会引发严重后果。但各种类型的负面情绪、负面群体，如：网络厕所，网络约死等空间就会带来非常恶劣的影响，后果不堪设想。更可怕的是，依托一次次公开事件，不分青红皂白，不了解事情真相，完全根据自己的喜好进行情绪宣泄，共同促成网络暴力的洪流，给事件当事人形成排山倒海的压力，甚至逼得当事人一死了之。这些情绪宣泄型的网络非理性表达方式会造成非常恐怖的后果，严重影响网络安全和社会稳定。

“厕所号”属于一种网络空间的匿名社交圈子，“网络厕所”文化在发展早期，只是一些账号围绕某些兴趣点如明星、动漫等接受网友匿名投稿并发布，但有些账号在发展过程中，内容逐步走向激进、消极和偏激，里面充斥着各种负面内容，如谩骂、“挂”人、冷嘲热讽、阴阳怪气、宣泄恶意等，如同一个脏乱的情绪厕所，汇聚了各种消极、负面信息和情绪。“厕所”的“脏乱”不断累积，会使得负面、消极情绪走向极端化，如不合法地披露“被挂者”个人私密信息、对其进行各种恶意的、不道德的谩骂和极端讨论形成网暴，甚至引发自残自杀。

2023 年清明节的前一天，4 名游客在张家界天门山景区集体自杀了。4 月 7 日凌晨，当地政府新闻办公室发布情况通报称，3 名男子已跳崖身亡，另有一名女子被及时制止，但因跳崖前服毒，经紧急送医抢救无效后死亡。4 人均系自杀，排除刑事案件及其他因素，自杀事件或指向“微笑型抑郁症”。当地警方表示，这 4 名死者是通过网络群聊的方式沟通策划的，是典型的“网络约死”。这并不是第一起。这些鲜为人知的网络社交“约死群”藏匿于网络暗黑空间，人员构成极度复杂，目的各异，聊天内容满载负面情绪，甚至有人引导和教唆轻生。“约死者”进群之前可能只是生活不如意，身上负能量比较多，希望在里面吐吐槽，通过倾诉缓解痛苦。但进入到这种充满负能量的网络大群之后，往往聚在一起会越说越难受，最后聊得特别“投机”的会再建小群，如果有人怂恿，可能就会相约轻生，造成无法挽回的后果。

2020 年 8 月，浙江杭州女子取快递被偷拍视频造谣出轨，患上抑郁症，被公司劝退；2022 年 7 月，一位染粉红色头发的年轻女生，在爷爷病床前分享了考上研究生的喜讯，并配图发到社交平台。此后网络上出现大量恶意揣测、人身攻击的信息，导致女生备受抑郁症困扰，不幸离世；汶川地震幸存女孩讲述遭遇网暴经历，部分网友利用私信对其进行侮辱谩骂、恶意骚扰；某大学生在网络上恶意捏造黄谣，并将修改过的女性图片出售牟利；湖南桑植一名高三学生因高考誓词激情澎湃，被网友冷嘲热讽为“疯癫”……这些事件中，网络暴力就是一把杀人的刀，完全不逊于现实暴力，甚至这种“杀人诛心”的后果更加严重。一场网络暴力的形成是多种因素促成的结果。其中有某些网红、大 V 甚至普通网友故意参与其中蹭热度、赚流量，为了获取流量和关注，不惜捏造、歪曲事实，炮制低俗谣言，恶语攻击他人。但更多的网络暴力有可能来自于现实生活中的每一个并不利益相关的陌生人，他们化身审判者，只是基于自己的价值观，自己的生活境遇，自己的评判标准，敲敲键盘、动动手指，轻飘飘地把自己情绪中的“恶”释放到全媒体空间，这些恶毒的情绪化表达和极化的言辞看上去无足轻重。但十亿量级的网民数量，在网络舆论的不断发酵下，都可能演变成一场个体所不能承受的暴风雨。

全媒体时代，随着博客、贴吧、论坛以及视频网站的运营，人们的行为、话语、姿态，可能通过这些媒介，登上网络平台，遭受公众审判，而公众在审判的过程中带有过多的个人情感和情绪的发泄，往往过于偏激，引发网络暴力。加之人肉搜索的兴起，私人信息被曝，网民跟风炒作，扩大事情影响，引发网络暴力，给当事人造成严重的身心伤害。防范这一风险，党的二十大报告提出，要健全网络综合治理体系，推动形成良好网络生态。网络空间是亿万网民共同的精神家园，形态多样、不断变化的网络戾气会破坏党群沟通的良好平台，严重影响社会稳定。唯有大家共同努力、久久为功，才能共同营造天朗气清的网络空间，让人民群众在共享互联网发展成果上有更多获得感、幸福感、安全感。

第四章　全媒体时代党提升群众组织力的历史路径

历史照亮未来，经验启迪现实。风雨兼程，砥砺前行，中国共产党由小变大，由弱变强，到今天已经走过了一百余年的光辉历程。百余年间，中国共产党改天换地，取得了中国新民主主义革命的伟大胜利，建立起了社会主义新中国；百余年间，中国共产党开天辟地，领导中国人民取得了经济建设的卓越成绩。之所以中国共产党能够战胜各种苦难、风险和挑战，取得这些伟大成就，关键在于群众路线是我们党的生命线和根本工作路线，是我们党永葆青春活力和战斗力的重要传家宝，赢得了人民群众的信赖、拥护和支持，积累了开展群众工作的丰富经验。全媒体时代，面对新形势下的新任务，党更应以史为鉴，继承党的优良传统，从历史经验汲取智慧和力量，继续践行好群众路线，走向更加光明的未来。

第一节　始终维护人民群众根本利益

人民群众既是人类文明的创造者、承担者和实现者，是社会财富的创造主体，同时又是社会文明和社会财富的享有者和所有者，是不断满足自身需要的利益主体。中国共产党自成立之日起，宣布自己的名称为中国共产党，即表明了自己的政治立场是为整个人类的彻底解放而生存的，是代表绝大多数人的根本利益的。正因为如此，美国未来学家约翰·奈斯比特（John Naisbit）在其《中国大趋势：新社会的八大支柱》一书直承：中国之所以能够实现现代史中前所未有的发展，其根本原因就是“共产党的路线方针是坚定不移地为中国人民谋利益的。”[①]今天，中国共产党仍不忘初

---

① ［美］约翰·奈斯比特，德多丽丝·奈斯比特．中国大趋势：新社会的八大支柱［M］．魏平译．长春：吉林出版集团&中华工商联合出版社有限责任公司，2009：1.

心，在 2022 年 10 月 26 日通过的《中国共产党章程》中再次明确指出：中国共产党要“解决好人民最关心、最直接、最现实的利益问题，使发展成果更多更公平惠及全体人民，不断增强人民群众获得感。”

一．利益是人民群众奋斗的核心

利益本质上就是经济利益。在西方功利主义的利益观中，利益“就是每一个人根据自己的性情和思想使自身的幸福观与之联系起来的东西；是我们每个人看作是对自己的幸福所不可少的东西。”[①]英国功利主义哲学家杰里米·边沁（Jeremy Bentham）也经常使用“利益”一词来代替“幸福”。在我国古汉语中，“利”“益”也是最早出现的词。我国最早的哲学著作《周易》对卦象的进行描述和判断的中心词就是“利”与“不利”。由此可见，古今中外之人对利益莫不重视。马克思主义的创始人也看到了这一点，早在《莱茵报》发表的第一篇文章中，马克思就已经辛辣提出：“人们为之奋斗的一切，都同他们的利益有关。”[②]

第一，私人利益是个人一切社会活动的出发点和原动力。唯物史观从人的现实存在和内在规定性出发，深刻揭示了私人利益背后隐藏的社会关系，揭示了私人利益的历史先在性和逻辑先在性。在马克思看来，从事历史活动的人首先是现实存在的人，作为现实存在的活生生的人，其生存和发展离不开一定的物质生活资料。因此，不管是什么人，从事历史活动的基本前提或者说从事的第一项历史活动，就是要谋取能够满足自己生存需要的物质生活资料，即追求自身的利益。对此，马克思、恩格斯在其合著的《德意志意识形态》中进行了深刻的阐述：“全部人类历史的第一个前提无疑是有生命的个人的存在。因此，第一个需要确认的事实就是这些个人的肉体组织以及由此产生的个人对其他自然的关系”[③]，即为了生活，需要

---

① [法]霍尔巴赫. 自然的体系[M]. 管士滨译. 北京：商务印书馆，1979：270.

② 中共中央马克思恩格斯李恩斯大林著作编译局. 马克思恩格斯全集（第 1 卷）[M]. 北京：人民出版社，1995：187.

③ 中共中央马克思恩格斯李恩斯大林著作编译局. 马克思恩格斯选集（第 1 卷）[M]. 北京：人民出版社，2012：146.

满足吃喝住穿以及其他一些东西。由于私人利益源自于人类生存发展的第一需求，是个体赖以存在和发展的客观基础，私人利益也必然成为人类一切社会活动的出发点和原动力。因此，对私人利益的高度重视和关注，构成了马克思唯物史观群众利益观的逻辑起点。

第二，个人利益是共同利益形成和发展的天然基础。马克思在具体分析一般商品的交换关系时，深刻阐发了个人利益与社会共同利益之间的相互关系，明确提出自私利益对于全部经济行为的基础性意义。在商品交换中，交换的双方都从个人的需要出发，以实现个人利益为目的，尽管个人之间的个别利益是对立的，每个人同其他人之间的个别利益也是对立的，但是，整个交换过程却表现为共同利益的实现。对此，马克思认为："表现为全部行为的动因的共同利益，虽然被双方承认为事实，但是这种共同利益本身不是动因，它可以说只是在自身反映的特殊利益背后，在同另一个人的个别利益相对立的个别利益背后得到实现的。"[①]可见，在马克思唯物史观视野中，共同利益在历史上其实是由私人的个人利益造成的，个人利益在历史上的任何时候，都是共同利益形成和发展的天然基础。

第三，人民群众的利益和社会创造者的利益具有内在一致性。在马克思主义中，唯物史观认为，人民群众是一个集合概念，是指对社会历史发展起着推动作用的人们，这是对人民群众的质的规定性；从量上来看，人民群众是指社会中的绝大多数人。在人类社会历史发展过程中，人民群众是历史的创造者，是社会物质财富和精神财富的创造主体，是社会变革的主体。从个人与社会的关系来看，人民群众创造历史的一切活动，都是为了追求和实现一定的利益。人民群众创造社会财富最终是为了满足自己存在和发展的需要，是实现自己利益和目的的手段和条件。社会财富的创造和利益的实现是一个过程的两个方面。从一定意义上来说，人民群众作为社会物质财富和精神财富的创造主体，已经内含着人民群众同时就是社会物质财富和社会精神财富的追求者和实现者，同时也意味着人民群众应该是社会财富的所有者和占有者。据此，唯物史观认为：人民群众不仅是社

① 中共中央马克思恩格斯列宁斯大林著作编译局．马克思恩格斯全集（第30卷上）[M]．北京：人民出版社，1995：199．

会财富的创造者，同时也是社会物质财富和精神财富的追求者、实现者、享有者和所有者。

二．人民群众利益决定社会发展的趋势和进程

恩格斯认为："历史是这样创造的：最终的结果总是从许多单个的意志的相互冲突中产生出来的，而其中每一个意志，又是由于许多特殊的生活条件，才成为它所成为的那样。这样就有无数互相交错的力量，有无数个力的平行四边形，由此就产生出一个合力，即历史结果，而这个结果又可以看做一个作为整体的、不自觉地和不自主地起着作用的力量的产物。"[①]在这里，恩格斯不仅精辟地阐述了历史发展趋势的客观规律性和历史必然性，而且揭示了历史创造主体在历史活动中的主体能动性和创造性，正是各个人意志的相互作用、相互融合形成的社会合力，决定了社会历史发展的走向。

第一，人民群众的利益决定了社会发展的趋势。人民群众利益依主体不同又可以划分为个人利益和群体利益。个人利益指的是个人所追求的需要目标、对象，构成了个人行为的主要动机，反映了个人与个人之间的利益关系，个人利益是利益主体最基本的元素，是群体利益的基础。群体利益既是个人利益的代表，又是人民群众这一特定群体共同追求的需要目标、对象，构成群体行为的主要动机。毫无疑问，最终决定历史发展趋势的是人民群众的群体利益，对于这一点，恩格斯明确指出："如果要去探究那些隐藏在……历史人物的动机背后并且构成历史的真正的最后动力的动力，那么问题涉及的，与其说是个别人物、即使是非常杰出的人物的动机，不如说是使广大群众、使整个的民族，并且在每一个民族中间又是使整个阶级行动起来的动机。"[②]在这里，恩格斯明确指出，决定社会历史发展方向和轨迹的，是人民群众的共同需要和现实利益形成的物质力量。在强调历

① 中共中央马克思恩格斯列宁斯大林著作编译局．马克思恩格斯选集（第 4 卷）[M]．北京：人民出版社，2012：605.

② 中共中央马克思恩格斯列宁斯大林著作编译局．马克思恩格斯选集（第 4 卷）[M]．北京：人民出版社，2012：255-256.

史必然性的同时，马克思主义也未曾忽视历史偶然性的作用。“合力论”思想中，正是许多不同的主体按照各自的需要、利益和价值趋向去改造客观世界，将其现实性力量融入“合力”之中，使人类社会历史呈现出多样性和复杂性，从而为历史主体的主动性、创造性提供了活动空间。

第二，人民群众利益影响社会发展的进程。在推动社会发展的合力利益体系中，人民群众利益作为社会主体和历史创造者的利益，对推动社会发展起着重要的作用，是推动社会前进的现实力量。首先，人民群众是生产力主体，人民群众利益是引起生产力变革和社会变革的现实力量。按照马克思主义的观点，生产力是推动社会发展变化的最终决定力量。这个最终力量就是为满足自己的需要和实现自身利益而奋斗的人民群众。其次，人民群众是社会主体，人民群众利益是引发社会关系和社会制度变迁的决定性力量。归根到底，社会变革是人们利益关系冲突与协调的结果，而这种博弈会推动社会向前发展。最后，人民群众是实践主体。人民追求利益的实践活动是推动社会前行的现实推动力量，因为追求利益是人的本性，创造利益是人民群众社会实践活动的价值目标和不竭动力，正是追求利益、创造利益、实现利益的实践活动推动社会发展不断前行。

第三，人民群众利益是社会发展的最终目的。社会活动是人民群众有意识、有目的的实践活动，社会发展的过程是人民群众的需要、利益、意志、意识和目的的实现过程。人民群众的需要和利益决定了社会发展的根本方向。首先，不断实现人民群众的利益是社会发展的价值目标。从总体上看，社会的发展过程包括生产力、生产关系和上层建筑的变化，实际上就是人民群众作为利益主体的本质力量对象化、具体化和现实化的过程。其次，人民群众利益的满足和实现程度是社会发展的重要标志。社会发展的活动和生命力来源于人民群众的积极性、主动性和创造性，而人民群众的积极性、主动性和创造性又来源于其对利益的无限追求和创造，社会存在的价值和社会发展的意义，就在于能够不断创造物质财富和精神财富不断满足和实现人民群众的利益。总结起来，从利益及其实现的角度观察社会，社会发展的重要标志，一是人民群众利益在空间维度上的拓展，人民群众的利益需求和的提升社会文明程度；二是人民群众利益在时间上的深化，即随着时间的推移，实践主体和创造主体的需要和利益也得到了不断的增强。因此，社会发展的终极目标就是人民群众利益。

三. 维护人民群众利益是中国共产党的初心和使命

在社会发展过程中，在错综复杂的社会利益关系中，以谁的利益为主体利益，这是一个事关政党性质的根本问题。早在 1938 年 10 月，毛泽东同志在《中国共产党在民族战争中的地位》一文中就鲜明提出了中国共产党人的利益观："共产党人无论何时何地都不应以个人利益放在第一位，而应以个人利益服从与民族的和人民群众的利益。"人民群众至上的利益观将中国共产党与其他一切剥削阶级政党区分开来，并贯穿于中国革命和社会主义建设的全过程之中，形成了中国共产党宝贵的历史财富。

发动土地革命，最大程度实现"耕者有其田"，维护农民最根本利益。对于以农民为主体的中国革命来说，土地问题无疑是处于半殖民地、半封建社会阶段的主要矛盾，只有给农民群众以土地，实现"耕者有其田"，才能维护农民的根本利益，从而得到人民群众的坚决支持，使"星星之火才可以燎原"，无产阶级领导权才可以确立。美国著名记者埃德加·斯诺（Edgar Snow）在西北地区对苏维埃政府的观察中发现："要真正了解农民对共产主义运动的拥护，必须记住它的经济基础……现在，红军不论在哪里，他们都毫无疑问地根本改变了佃农、贫农、中农以及所有"贫苦"成分的处境。在新区中第一年就取消了一切租税，使农民们有透口气的机会；在老区里，只保留一种单一的累进土地税和一种单一的小额营业税（百分之五到百分之十）。其次，他们把土地分给缺地农民，大片大片地开"荒"——多数是在外或在逃地在外或在逃地主的土地。第三，他们没收有钱阶级的土地和牲口，分配给穷人。"[①]抗日战争时期，中国共产党依然采取了战时政治经济纲领以取代之间的土地政策，维护农民利益。这些政策的实行引起了农村社会阶级关系的巨大变化，被许多西方学者称之为是一场"静悄悄的革命"。在华北的冀中平原上，美国学者弗里曼、毕克伟、塞尔登等通过对五公村的分析

① ［美］埃德加·斯诺．红星照耀中国［M］．董乐山译．北京：人民文学出版社，2016：224．

发现，“静悄悄的革命”的主要受益者是穷人，通过对 1936 年至 1946 年 10 年期的比较，他们发现，最富和最穷人之间的差距已经大大缩小了。在五公村，1936 年，地主的人均土地是贫农的 12 倍，而到 1946 年耕者有其田运动前，已不到贫农的 3 倍。1936 年，中农的土地是贫农的 4.9 倍，而经过渐进改革，1946 年时优势已经缩小为 41%。[①]土地革命使广大贫雇农获得了土地，保证了他们的基本生活，最大程度实现了农民群众的根本利益。

第二，关注一切与群众生活有关的利益问题，满足群众需要，实现群众根本利益。1934 年，毛泽东同志在《关心群众生活，注意工作方法》报告中鲜明指出：“我们对于广大群众的切身利益问题，群众的生活问题，就一点也不能疏忽，一点也不能看清。因为革命战争是群众的战争，只有动员群众才能进行战争，只有依靠群众才能进行战争。”同时，还进一步强调：“领导农民的土地斗争，分土地给农民；提高农民的劳动热情，增加农业生产；保障工人的利益；建立合作社；发展对外贸易；解决群众的穿衣问题，吃饭问题，住房问题，柴米油盐问题，疾病卫生问题，婚姻问题。总之，一切群众的实际生活问题，都是我们应当注意的问题。”1942 年 12 月，毛泽东同志在《经济问题与财政问题》一文中再次强调：“一切空话都是无用的，必须给人民以看得见的物质福利。”“为着这个，我们应该不惜风霜劳苦，夜以继日，勤勤恳恳，切切实实地去研究人民中间的生活问题，生产问题，耕牛、农具、种子、肥料、水利、牧草、农贷、移民、开荒、改良农作法、妇女劳动、二流子劳动、按家计划、合作社、变工对、运输队、纺织业、畜牧业、盐业等等重要问题，并帮助人民具体地而不是讲空话地去解决这些问题。”通过这种广泛的、细致的、深入群众生活的工作方法和密切联系群众的工作作风，使中国共产党建立起了一种与人民群众密切联系的、生活化的、具有人情味的、符合中国传统文化的广泛的桥梁和纽带，因而得到了中国人民的坚定支持。

第三，以全心全意为人民服务为唯一根本宗旨，以实现人民利益为最高准绳。1944 年 9 月，为追悼为人民利益而牺牲的张思德，毛泽东同志专

---

① [美]美弗里曼，毕克伟，塞尔登．中国乡村，社会主义国家[M]．陶鹤山译．北京：社会科学文献出版社，2002：127．

门作了《为人民服务》的主题演讲，他饱含深情地说："为人民利益而死，就比泰山还重。"1945 年 4 月，在党的七大报告《论联合政府》中，他再一次语重心长地指出："我们共产党人区别于其他任何政党的又一个显著的标志，就是和广大的人民群众取得密切的联系。全心全意地为人民服务，一刻也不脱离群众；一切从人民的利益出发，而不是从个人或小集团的利益出发；向人民负责和向党的领导机关负责的一致性，这些就是我们的出发点。"可见，毛泽东同志强调的"全心全意为人民服务"将人民群众的利益作为了党的全部工作的出发点，成为了党的重要政治路线，正因为如此，才能使一支经过二万五千里长征之后仅剩下几万人的队伍，在抗日战争中，特别是在战略相持阶段，和中国人民一起抗击了日军的百分之六十和伪军的百分之九十，成为抗日战争的主力军。到抗日战争结束时，我军已发展到 130 万人民兵 260 余万人。中国共产党的群众利益观形成于中国革命时期，发展于社会主义建设时期。以邓小平同志为核心的第二代中央领导集体总结了新中国成立后社会主义建设的经验和教训之后，向全党发问并指出："我们要想一想，我们给人民究竟做了多少事情呢？我们一定要根据现在的有利条件加速发展生产力，使人民的物质生活好一些，使人民的文化生活、精神面貌好一些。"他还进一步强调，中国共产党的宗旨概括起来只有两句话："全心全意为人民服务，一切以人民利益作为每一个党员的最高准绳。"以江泽民同志为核心的第三代中央领导集体同样非常重视最广大人民群众的利益，认为："最大多数人的利益是最紧要和最具有决定性因素。"并深刻指出："全心全意为人民服务，立党为公、执政为民，是中国共产党同一切剥削阶级政党的根本区别。"可见，自始至终，虽然领导人在更替，但中国共产党为人民服务的心，实现和维护好人民群众根本利益的追求都没有改变，这也是中国共产党立于不败之地的重要法宝。

四. 全媒体时代仍要以维护人民群众的根本利益为出发点

习近平总书记在党的二十大报告中强调："江山就是人民，人民就是江山。中国共产党领导人民打江山、守江山，守的是人民的心。治国有常，利民为本。为民造福是立党为公、执政为民的本质要求。”要“要实现好、维护好、发展好最广大人民根本利益，紧紧抓住人民最关心最直接最现实的利益问题，坚持尽力而为、量力而行、深入群众、深入基层”。把人民放在心中最高位置，铭刻着共产党人的深挚情怀，全媒体时代，仍然要以维护人民群众根本利益为出发点。要把为人民谋幸福作为检验改革成效的标准，让改革发展的成果更好惠及广大人民群众，始终做到以人民为中心。在党和国家制定决策的过程中，始终把人民群众利益放在突出位置，尤其是对重大改革决策，更加注重从人民利益出发谋划和推进。

兑现对人民的政治承诺，如期打赢脱贫攻坚战、实现全面建成小康社会。在改革开放之初，党中央提出了小康社会战略构想，把人民群众对美好生活的向往作为奋斗目标，并且接续奋斗和扎实推进。党的十八大后，以习近平同志为核心的党中央统筹把握中华民族伟大复兴战略全局和世界百年未有之大变局，统筹推进“五位一体”总体布局、协调推进“四个全面”战略布局，团结和带领全国各族人民顺利实现了全面建成小康社会的伟大成就。2020 年中国国内生产总值超 100 万亿元，人均国内生产总值超 1 万美元；按现行标准 9899 万农村贫困人口实现了全部脱贫，全面打赢了脱贫攻坚战；基本医疗保险覆盖面已经达到 13.6 亿人，基本养老保险覆盖面已超过 10 亿人，中国建成了世界上规模最大的社会保障体系，等等。中国全面建成小康社会的成果不是单纯的经济发展成就，而是经济社会全面发展成就，不是仅惠及部分人的成就，而是全体人民普遍享有的发展成就，实现了全体人民共同的期盼。

把推动网络信息事业发展作为促进社会进步、增进人民福祉的基础性工程。互联网是影响全世界的重要力量，网络信息技术的快速发展构成了一场新的技术革命，其影响范围之广、影响程度之深，远远超出其他众多科技成果。网络信息技术是一把“双刃剑”，即带来难得的历史性发展机遇，也带来深刻的变革和挑战。党的十八大以来，党中央高度重视和大力发展互联网，深入贯彻网络强国战略思想，全面推进网络强国建设，充分发挥信息化方式对经济社会发展的引领和推动作用。

注重用好互联网造福人民，解决基本民生短板和群众反映强烈的突出问题。通过实施“互联网＋”等方式促进公共服务均等化；借助大数据手段实施精准扶贫，推动农产品通过互联网走出地方；实施“互联网＋教育”，提高农村特别是贫困地区教学质量，实现教育资源共享，有效促进教育公平；普及信息化服务并降低使用成本，更好适应人民群众对信息服务的更高需求；针对薄弱环节加强互联网基础设施建设，提升光纤和宽带网络有效覆盖率；推进电子政务建设，打破信息壁垒、提升服务效率，解决人民群众办事难问题，让人民群众共享互联网发展成果，从经济社会发展中得到切实利益与实惠、有更多获得感。

在抗击新冠肺炎疫情过程中，彰显“人民至上、生命至上”崇高理念。最大限度地保护人民生命安全和身体健康，通过卓有成效的抗疫斗争充分展现中国的国家治理能力，得到国际社会高度认可，有效推动了党的公信力水平不断提升。

第二节　发扬灵活机动的宣传风格

宣传工作和群众路线有天然的联系，只有做好了宣传工作才能让马克思主义政党的理念深入人心，真正做到人民群众与中国共产党心连心，共同实现共产主义的伟大理想。中国共产党一直坚持灵活机动的宣传风格，将宣传工作置于高度重要地位，在建党初期甚至认为宣传工作高于党的军事领导权。虽说这高估了宣传工作的作用，但也展示出中国共产党早期宣传工作的巨大成就。网络信息化时代的政治表达，表现出多元、差异与自主性特点，突破了传统表达的内涵与特质，这既给中国共产党的政治表达带来一定的机遇，同时也增加了诸多的风险与挑战。一方面，舆论空间的扩大拓宽了党群沟通的渠道，使党群沟通更迅速、更便捷、更高效；另一方面，以网络群体性事件为代表的“新媒体事件”与“群体极化现象”，对政党治理产生了巨大的冲击和影响。在网络信息时代，新闻、舆情和网络话语已经成为现代社会公众展示自己表达权的最重要方式和渠道，相应地，中国共产党作为执政党，也需要随着新媒体的发展调整与创新自己的表达范式，不仅能在网下和人民群众打成一片，也要扎实学会通过网络走群众路线基本功，网上网下灵活运用宣传舆论空间统一群众思想共谋国家发展。

一. 走好网络群众路线提高主流思想引领力

第一，网络话语权的滥用可能使网络舆情走向偏激。活跃在网络上的公众由于自身知识结构或时间精力有限等条件制约，并没有对相关公共事物进行深入的思考，也没有对别人的观点和意见进行仔细分析与研究发表自己独到的看法与简洁，更没有表达出能代表他们态度和立场的为多数人所赞同的观点或看法，他们充其量只是网络上的看客和过客。加之民众在网络和匿名性的保护下消退了畏惧和谨慎心理，形形色色的“把关人”只被某个论坛的版主或某个网站的维护者所代替，其作用和功能遭受进一步弱化。于是只要有网友表达的空间，那些侮辱、诽谤、谩骂他人的言论就可能扑面而来，污言秽语满天飞，任意抒发胸臆，自由自在表达，甚至不惜冲破社会伦理与道德底线，这必然会导致话语失范。人们在网络中获得话语权后随意滥用的情况并不鲜见，有时还会恶意利用使之演变成为“网络暴力”，如人人都可以参与、人人都能成为“网络侦探”的“人肉搜索”。话语权本是揭露社会的“假、丑、恶”等现象的有力工具，可是人们在运用过程中往往越界，演变成网络话语暴力。如果党和政府不加以监管和引导，任其发展下去，“不实资讯可能到处散播，网络舆论时而情绪化或者走向偏激，网络舆论观点分散、立场多样，党和政府的舆论引导更加困难，国内外政治团体利用网络从事颠覆活动等。”①

第二，充分利用网络空间掌握意识形态领导权。科学技术的高速发展，改革开放四十年来发生的伟大变化，社会主义在全球遭受的重大挫折等诸多因素导致中国人的社会心理和道德信仰产生了颠覆性的改变。进入自媒体时代，国际形势更为变幻莫测，特别是苏联解体之后，西方势力加快了对和平演变中国的步伐，利用网帖、博文、微信等等各种自媒体工具进行意识形态攻击。更致命的是，随着改革开放进入深水区，利益主体日益多元化，中国社会财富日益膨胀的同时也使利益群体之间的对立日益尖锐，

① 赵宬斐. 新媒体视野下中国执政党政治表达的范式转向[J]. 中国出版，2012（22）：6.

贫富差距、环境问题等使政府和民众的矛盾日趋白热化，中国社科院公布2013年社会蓝皮书显示中国近年群体性事件每年已达10多万起。内忧外患严重危机中国的国家稳定和社会安全。对此，习近平总书记在党的十九大报告中鲜明指出："要牢牢掌握意识形态工作领导权"，"加强互联网内容建设，建立网络综合治理体系，营造清朗的网络空间。"

二．握好群众路线法宝重塑群众核心价值观

践行社会主义核心价值观要坚持以人为本，尊重群众主体地位。尊重群众主体地位，就是要走群众路线，充分发挥人民群众在实践活动中的主体性、创造性作用。紧握群众路线法宝灵活机动宣传和重塑社会主义核心价值观，应从以下四个方面出发：

首先，满足群众利益诉求，强化价值认同。马克思指出，"人们奋斗所争取的一切，都同他们的利益有关。"①"群众对这样或那样的目的究竟'关怀'到什么程度，这些目的'唤起了'群众多少'热情'。'思想'一旦离开'利益'，就一定会使自己出丑。"②任何科学理论和价值观，如果忽视人民大众的利益诉求，不能解决他们最关心、最现实、最直接的利益问题，都不能深入人心。因此，一方面我们要不断捕捉广大人民群众的心理动向，切实关注、解决他们的切身利益问题，不断满足他们的物质利益需求与精神文化需要；另一方面还要注意调和或消除党群、干群之间的隔阂，正确处理、协调好国家整体利益、群众利益与个体利益之间的关系，捍卫和保障群众的切身利益，取得人民群众的心理和价值认同。这样，人民群众才能感受到社会主义制度的优越性，从而强化对社会主义核心价值观的认同感。

其次，运用群众话语表达，营造舆论氛围。法国哲学家福柯曾强调，"话语即权力"。要让群众更容易、更深刻地理解并牢记社会主义核心价值观，

---

① 中共中央马克思恩格斯李恩斯大林著作编译局．马克思恩格斯全集(第1卷)[M]．北京：人民出版社，1995：187．

② 中共中央马克思恩格斯李恩斯大林著作编译局．马克思恩格斯文集(第1卷)[M]．北京：人民出版社，2009：286．

必须走群众路线，以灵活多变、喜闻乐见的方式，采用群众听得懂、念得响、传得远的话语表达。这就需要做到“三化”：一是要通俗化、“接地气”，让群众便于参与、乐于参与，将社会主义核心价值观的深刻内涵融入到人们日常劳动生产生活中去，采用“白话”“土语”的形式来贴近人民群众；二是要多样化、用多种多样的形式来顺应不同人群的喜好，在“投其所好”中引起社会大众的情感共鸣，最终实现社会主义核心价值观的内化于心、外化于行；三是要普及化、将传统媒体和新兴媒体有机融合加大宣传力度，使社会主义核心价值观像空气一样无所不在、无处不有，营造出以社会主义核心价值观为引领的舆论环境。

再次，树立大众典型，实现榜样带动。榜样的力量是无穷的，典型模范作为时代的先锋，社会的楷模，是社会主义核心价值观的忠实倡导者、生动诠释者、模范践行者，价值准则在他们身上彰显得最为完善，表现得最为彻底。一方面，党员干部应遵循为民、务实、清廉的道德操守，永葆共产党员的先进性、纯洁性，努力成为践行社会主义核心价值观的先行者、示范者、带动者。另一方面，树立人民群众身边的优秀典型、模范，发动群众将身边爱国敬业、重孝重义、见义勇为、奋发图强的多类型榜样推选出来，用他们真实的故事、动人的事迹、朴实的语言更好地诠释社会主义核心价值观，让人民群众更好地感知、领悟、践行社会主义核心价值观。

最后，创新群众活动平台，推进实践养成。“一种价值观要真正发挥作用，必须融入社会生活，让人们在实践中感知它、领悟它。”习近平总书记的话道出了活动体验的重要性。搭建人民群众便于参与的平台，开辟人民群众乐于参与的渠道，探索出具有针对性、实效性的活动形式，能够有效增强社会主义核心价值观对人民群众的吸引力和感染力。可以从三个层面下功夫：

一是围绕国家层面的要求，定期举行民主协商、民主选举、民主监督等活动，开展“文明乡村”“文明家庭”等评选活动，推进群众性精神文明创建。

二是围绕社会层面的要求，在人民群众中进行“自由、平等、公正、法治”的宣传活动，引导理解，传递真谛。如通过普法教育、普法宣传等，增强民众的法制观念、法治思维。

三是围绕公民层面的要求，创设“百姓大讲堂”平台，邀请专家学者、党政干部、道德模范、先进群众等进行道德教育、价值宣讲，切实帮助人民群众明大德、守公德、严私德。通过这些分层级的活动体验，使社会主义核心价值观在潜移默化中转化为人民群众的日常行为规范，得到更好的遵守与践行。

三. 做好群众宣传工作灵活引领好人民信仰

做宣传思想工作犹如逆水行舟，不进则退。创新宣传思想工作，重点是抓好理念创新、手段创新、基层工作创新。要保持思想的敏锐性和开放度，努力以思想认识的新飞跃打开工作的新局面。积极探索有利于破解工作难题的新举措新办法，充分运用新技术新应用创新媒体传播方式，占领信息传播制高点，让宣传思想工作更好体现时代性、把握规律性、富于创造性。惟有不懈创新，才能始终保持生机和活力，切实提升质量和水平。坚持重心下移，把更多的资源投向基层，把更多的项目放在基层，健全基础设施、完善服务网络，打通基层宣传“最后一公里”，灵活引导好人民群众的信仰。

第三节　没有调查就没有发言权

坚持调查研究，是辩证唯物主义认识论的基本要求，是党保持同人民群众密切联系的重要渠道，也是我们党的群众工作的一项基本工作方法。回望建党一百余年的历史，当中国共产党重视调查研究工作的时候，就能做出正确的群众决策，党的群众工作就能得到顺利开展，党的事业也会因得到人民群众的支持而不断前行。反之，用想当然来代替社会调查，从主观愿望出发做出决策，就会导致主观与客观相脱离，造成工作中的失误，使党和人民的事业遭受损失甚至挫折。因此，加强调查研究不仅是一个工作方法问题，而且是关系党的事业成功与否的关键所在。全媒体时代，调查研究方法仍然是党提升群众组织力的重要途径。

一. 调查研究是深入了解群众的科学方法

马克思主义创始人马克思、恩格斯是非常重视调查研究方法的。恩格斯在居留英国期间，曾对英国工人状况和工人运动作过周密的调查研究，写出《英国工人阶级状况》一书。马克思拟定过关于各国工人阶级状况的统计调查提纲和《工人调查表》，长达 40 年的《资本论》的撰写过程也是他不断对资本主义社会状况进行调查的过程。中国共产党人高举马克思主义的旗帜，沿着马克思恩格斯开创的道路，结合中国革命的实际情况，高度重视调查研究。中国革命早期，毛泽东同志即指出："没有调查，没有发言权"，要求全党向实际情况做调查。时至今日，习近平总书记再一次指出："调查研究是谋事之基，成事之道。没有调查，就没有发言权，更没有决策权"。可见，调查研究是中国共产党薪火相传的优良作风和传统。无论是革命、建设还是改革的各个时期，调查研究在党的全部领导工作中都具有不可替代的基础性作用，是深入基层、深入群众、深入实际了解客观真实情况的重要工作方法，更是中国共产党制定正确的群众政策和策略的根本前提。

马克思主义认识论认为：实践决定认识，实践是认识的基础，实践是认识的目的，实践是认识的来源和检验的唯一标准。人类认识必须要经过"实践——认识——实践"也就是从感性认识上升到理性认识，获得理性认识之后再回到实践中去两次飞跃才能完成。在第一次飞跃中，理性认识得以产生；在第二次飞跃中，理性认识得到了检验，获得了正确的认识，实现了实践的目的。而调查研究，作为社会实践的一种具体表现形式，作为获得正确认识的一种基本手段，是马克思主义认识论的基本要求。维护人民群众利益，必须知道人民群众的利益在哪里；解决人民群众问题，必须知道群众问题的核心在哪里。也就是说，做好群众工作，首先必须认识群众、了解群众。而中国共产党想要获得对人民群众的正确认知，引导人民群众一心一意跟党走，就必须认真、全面、深入地进行调查研究，调查研究是了解群众的科学来源。

调查研究是指根据调查目标，采取科学的方法对客观实际进行了解，掌握第一手资料，综合分析出其中的内在规律，用以认识世界和改造世界的方法。调查研究具有两个基本特征：首先，调查研究的过程与认识世界的过程具有同一性。在《关于费尔巴哈的提纲》中，马克思认为“人的思维是否具有客观的真理性，这不是一个理论的问题，而是一个实践的问题”[①]，并强调了马克思主义哲学与一切旧哲学的区别在于：“以往的“哲学家们只是用不同的方式解释世界，问题在于改变世界。”[②]，也就是说一方面实践是认识的目的，是正确认识的来源；另一方面，认识对实践又具有能动的反作用，正确的认识能够对实践产生正确的指导作用。而调查研究作为一种特殊的社会实践活动，其根本目的就是要通过对特定对象的历史、现实联系的全面了解和深刻认识，从而达到对客观世界的改造，使之发生符合实践主体价值要求的变化，具有介于主客体之间的二维特征；其次，调查研究是辩证思维方法“分析——综合”的统一过程。所谓分析，就是在思维中把认识对象分解为各个部分、方面、要素，以便分别加以研究的思维方法。通过分析研究从中找出构成这一认识对象的基本的部分、本质的方面。综合是同分析相对应的方法。综合通常被看作是把整体分解为各个因素的基础上，再把各个因素组合成为一个整体的思维活动。在了解群众的调查研究过程中，既要注意对调查对象的深刻把握和全面分析；又要注意对调查对象内在规律的概括和总结。只有采用分析与综合相结合，才能对群众工作的对象有一个完整、科学的认知。

生活的、实践的观点是马克思主义认识论的首要的基本的观点，其主要任务是通过实践并在实践的基础上既唯物又辩证地解决主体和客体之间的矛盾，达到认识世界进而改造世界的目的。认识是主体在实践基础上对客体的能动反映，而且这种反映只能是近似的反映，因为人类的认识只可能无限地接近客观本质，但是不可能穷尽它。因此，要对群众问题有科学的认知，首先就必须深入到群众中间去，掌握大量的与调查对象密切相关的感性材料，再采用科学的方法，对其进行去粗取精、去伪存真，由此及彼，由表及里的加工整理才能获得。而掌握大量的合乎实际的感性材料同

① 中共中央马克思恩格斯李恩斯大林著作编译局. 马克思恩格斯选集（第 1 卷）[M]. 北京：人民出版社，2012：134.

② 中共中央马克思恩格斯李恩斯大林著作编译局. 马克思恩格斯选集（第 1 卷）[M]. 北京：人民出版社，2012：136.

样也必须从实际中来，从群众中来，仍然要进行调查研究。

毛泽东同志 1941 年 3 月在《农村调查》的序中所言：“要了解情况，唯一的方法是向社会作调查，调查社会各阶级的生动情况。”调查就是实践，研究就是认识，调查研究就是理论与实践的统一，马克思主义的认识论，是克服主观主义和唯心主义的锐利武器。调查——研究——再调查——再研究与马克思主义认识论的实践——认识——再实践——再认识是完全一致的。要了解群众的基本生活状况，了解群众关心的基本问题，就必须做具体的调查研究。这一调查研究可以分为感性调查研究阶段和理性调查研究阶段。一方面，调查者在调查过程中，不能只看一家一户，一点一面，而要广泛了解情况，全面收集相关资料；二是不能只看到表面问题，而是要围绕调查主题和目的，将收集到的大量群众问题材料进行科学整理，认真思考，由表及里，由此及彼，综合上升到对群众问题的整体性认识，只有这样才能抓住群众问题的核心所在。

“研究必须充分地占有材料，分析它的各种发展形式，探寻这些形式的内在联系。”[①]在《反对党八股》一文中，毛泽东同志也着重分析了调查研究的过程，他深刻指出：“常常问题是提出了，但还不能解决，就是因为还没有暴露事物的内部联系，就是因为还没有经过这种系统的周密的分析过程。”不仅如此，调查研究也不是一次可以完成的一劳永逸的工作，而是具有反复性和无限性，需要长期的持续的进行，“我们又相信事物是运动的，变化着的，进步着的。因此我们的调查，也是长期的。”只有这样，我们才可能真正了解群众。

二. 调查研究是制定正确决策的可靠保障

中国共产党历来重视调查研究，在制定政策和执行政策的过程中，把调查研究看成是按照实际情况决定工作方针的基础。在《反对本本主义》一文中，毛泽东同志专门论述了调查研究与正确决策的关系，指出：“社会经济调查，是为了得到正确的阶级估量，接着定出正确的斗争策略。”对此，

① 中共中央马克思恩格斯列宁斯大林著作编译局. 马克思恩格斯选集（第 2 卷）[M]. 北京：人民出版社，2012：93.

陈云同志也指出："领导机关制定政策，要百分之九十以上的实践作调查研究工作，最后讨论决定，用不到百分之十的时间就够了。"[①]详尽地占有第一手材料，科学的分析方法，通过正确的调查就能得出正确的结论，做出正确的决策。

第一，实际情况的千差万别要求制定正确的方针政策必须进行不断的调查研究。正确的方针政策，在一定范围、一定的历史时期反映了客观情况的一般规律，它只适合于各个地区各个单位的一般原则。而各地区各单位的具体情况又是千差万别的。方针政策的贯彻执行过程，就是一般和个别，矛盾的特殊性和普遍性相结合的过程。若是离开了对深一层次具体个性的分析，一般就难以起到对个别的指导作用。因此，需要做更进一步的调查研究，从本地区本单位的实际情况出发，制定具体的实施方案和办法，才能使方针政策落到实处。只是从一般原则出发，从上级的指示出发，把主观当成客观，把想象当成实际，强求一致，甚至强迫实行某种上级提到的形式，不知变通的毫无保留的运用，这种做法是典型的教条主义，会破坏党的微信。1937 年 8 月，毛泽东同志在《矛盾论》一文中明确指出："不了解诸种革命情况的区别，因而也不了解应当用不同方法去解决不同的矛盾，而只是千篇一律地使用一种自以为不可改变的公式到处硬套，这就只能使革命遭受挫折，或者将本来做得好的事情弄得很坏。"不仅如此，决策制定好以后，具体情况仍然会发生变化，因此，要不断进行调查研究，因时制宜，因地制宜，因时制宜，具体问题具体分析，随时修改执行政策的方案和措施，以保证制定决策的真理性。在《中国革命战争的战略问题》一文中，毛泽东同志首先强调：军事指挥员的正确部署来源于正确的判断，正确的判断来源与周到的和必要的侦察及将其联贯起来的思索。不仅如此，还要认识到，认识情况的过程，不但存在于军事计划建立之前，而且存在于军事计划建立之后，当执行某一计划时，从开始执行起，到战局终结止，这是又一个认识情况的过程，需要重新加以检查。如果计划和情况不符合，或者不完全符合，就必须依照新的认识，构成新的判断，定下新的决心，把已定计划加以改变，使之适合于新的情况。因此，调查研究的方法应该

① 陈云．陈云同志文稿选编（1956—1962）[M]．北京：人民出版社，1981：186．

贯彻到方针政策制定执行的整个过程之中，以便为正确的工作部署提供可靠的原始资料和一手情况。

第二，正确的调查研究是反对教条主义和经验主义的根本方法。马克思主义认识论告诉我们：感性认识和理性认识是认识过程的两个阶段，割裂感性认识和理性认识的关系，会导致只承认理性认识的教条主义和只承认感性认识的经验主义，它们本质上都是主观主义。对于教条主义，刘少奇同志曾指出，“总不是从实践出发，不是从调查研究周围的实际情况出发，而是从书本上的公式出发，从历史上的类比处罚法，或者从苏联，从西欧各国，从其他什么想象的事情出发，因而是不能做好实际工作，甚至是要犯错误的。与此相反，经验主义从狭隘的经验出发，满足于局部经验，把它们当作到处可以使用的教条，轻视从世界革命经验中总结出来的马克思列宁主义的学习，醉心于狭隘的无原则的所谓实际主义和无头脑无前途的事务主义，盲目的称英雄，摆老资格，完全听不进别人的批评意见，也不进行自我批评，因而也不可能对问题提出全面的明确的意见。毛泽东同志指出，“必须使上述两种人各向自己缺乏的方面发展，必须使两种人互相结合。有书本知识的人向实际方面发展，然后才可以不停止在书本上，才可以不犯教条主义的错误。有工作经验的人，要向理论方向学习，要认真读书，然后才可以使经验带上条理性、综合性，上升为理论，然后才可以不把局部的经验误认为即是普遍真理，才可不犯经验主义的错误。究其根本，教条主义和经验主义都是违背了党的实事求是基本路线的结果，要实现两者融合，防止两极分化，必须一切从实际出发，做好正确的调查研究。

第三，中国革命的历史经验表明，正确的调查研究与正确的领导决策呈现正相关性。建党初期，由于陈独秀对中国国情，特别是对中国社会各阶级，没有做深入的调查研究，错误地判断形势。当北伐战争达到高潮时，他自动放弃在民主革命中的工人阶级领导权，尤其是放弃武装斗争的领导权，结果导致大革命的失败。此后，在反对陈独秀机会主义的旗号下，党内又盛行起一股把马克思列宁主义教条化，把共产国际决议和苏联革命经验神圣化的思潮，主要表现为以王明为代表的“左”倾机会主义，在选择中国革命道路的重大决策问题上，他们不调查不研究本乡本土的实际情况，而主张走俄国式的城市武装暴动的道路，再次使革命遭受严重损失。毛泽东同志在领导中国工人阶级的革命活动中，遵循马克思、恩格斯调查研究的基本原则，把调查研究工作用于工人阶级政党的实际工作，成为指导革命、教育干部、制定正确的方针政策的基本方法。并且身体力行，进行了大量的调查研究活动。

中国共产党创立初期，毛泽东同志以韶山从事农民运动时进行调查研究的材料为基础写作了《中国社会各阶级的分析》一文，找到了中国革命的领导阶级；1927 年，毛泽东同志又深入湘潭湘乡等五县全面考察后写作《湖南农民运动考察报告》，坚定了对于农民革命斗争的决心；1928 年，在湘赣边界各县调查基础上写出《中国的红色政权为什么能够存在》，确立“工农武装割据”的思想；1930 年，毛泽东同志写作《调查工作》，全面阐述了调查研究方法，指出：“中国革命斗争的胜利要靠中国同志了解中国情况。”1930 年，在寻乌、兴国等地调查研究，毛泽东同志写作了一系列调查报告，为土地革命的开展提供了事实依据。红军到达延安后，毛泽东同志整理编写了《调查研究》一书，再次强调调查研究在群众工作中的地位、中国共产党应持的态度和方法，标志着毛泽东同志调查研究理论已经成熟。正是在毛泽东同志的领导下，全党遵循辩证唯物主义的思想路线，密切联系群众，一切从实际出发，调查研究，实事求是，逐步形成了一整套的优良传统和作风，才能取得新民主主义革命的胜利。

三. 调查研究是达到实事求是的基本条件

调查研究是达到实事求是的基本条件，是实事求是的题中之义。调查，指的是要掌握客观实际情况；研究，就是要对调查中得来的各种材料进行分析与综合，探求客观事物的内在本质和规律。因而，调查研究方法的实质，是一个从现象到本质的认识过程，遵循唯物主义认识论路线。而实事求是是理论和实际相统一的马克思列宁主义的作风，是无产阶级的世界观。毛泽东同志指出，“‘实事’就是客观存在着的一切事物，‘是’就是客观事物的内部联系，即规律性，‘求’就是我们去研究。我们要从国内外、省内外、县内外、区内外的实际情况出发，从其中引出其固有的而不是臆造的规律性，即找出周围事变的内部联系，作为我们行动的向导。”1941 年，毛泽东同志在《改造我们的学习》中，从马克思主义认识论和辩证法的角度，论述了调查研究在实现主观和客观、理论和实际相统一过程中的重要作用，把注重调查研究作为区分主观主义和马克思主义的标准，从而揭示了实事求是和调 查研究的内在统一。

首先，掌握客观实际情况需要调查研究。一切结论产生于调查研究的末尾，而不是在调查研究的先头。正确的政策和策略来源于调查研究，这是获得正确认识，实现实事求是的重要条件。也就是说，坚持实事求是，就要坚持深入社会客观实际，调查研究，掌握实际情况，正确分析社会形势，认识社会发展的特点、本质和规律，从而制定正确的政策、战略以及具体的工作方法。早在 1919 年，毛泽东同志在《湘江评论》中就明确提出要了解中国社会的思想：“世界什么问题最大？吃饭问题最大。什么力量最强？民众联合的力量最强。”体现了他早期的唯物主义萌芽；1930 年，毛泽东同志再次指出，中国革命斗争的胜利要靠中国同志了解中国情况；1931 年，毛泽东同志在《兴国调查》和《<兴国调查 >前言》又一次阐明了调查研究的方法。他写道：“实际政策的决定，一定要根据具体情况，坐在房子里面想像的东西，和看到的粗枝大叶的书面报告上写着的东西，决不是具体的情况。倘若根据‘想当然’或不合实际的报告来决定政策，那是危险的。过去红色区域弄出了许多错误，都是党的指导与实际情况不符合的原故。所以详细的科学的实际调查，乃非常之必需。”

其次，调查的目的是解决实际问题，制定正确的政策和策略，争取中国革命和建设实践的胜利。调查研究的目的是为了了解广大人民群众客观的生活状况及其真实的社会诉求，从而制定出对应性策略。1930 年 5 月，毛泽东同志在《反对本本主义》一文中，生动指出：“调查就像‘十月怀胎’，解决问题就像‘一朝分娩’。调查问题就是解决问题。”不仅如此，他还说明了为什么要作社会经济调查的原因：“社会经济调查，是为了得到正确的阶级估量，接着定出正确的斗争策略。”1941 年 3 月，毛泽东同志在《<农村调查>的序言和跋》一文中也深刻写道：“要了解情况，唯一的方法是向社会作调查，调查社会各阶级的生动情况。对于担负指导工作的人来说，有计划地抓住几个城市、几个乡村，用马克思主义的基本观点，即阶级分析的方法，作几次周密的调查，乃是了解情况的最基本的方法。”可见，调查研究的目的是为了解决问题，而解决问题首先必须要了解问题，正确的社会调查方法是了解社会客观实际的根本方法。

最后，调查研究方法是理论和实践的中介，是实现理论和实践相结合的根本方法。经济调查研究是马克思主义经济理论与中国经济实际相结合的根本方法。在经济革命和建设方面，所谓运用马克思主义的立场、观点和方法，主要是运用马克思主义的无产阶级立场、阶级斗争的观点、暴力革命学说和阶级分析方法，深入中国历史实际和革命实际，调查研究中国革命的本质和规律，进行理论创造，制定出指导中国革命和建设实践的政策和策略，实现以财产公有制及按劳取酬为核心的社会主义和共产主义社会制度。这和毛泽东同志早期的无处不均匀、无人不饱暖、耕者有其田、劳者有其食的社会理想是一致的。在毛泽东同志看来，一定的社会经济基础决定社会的政治、思想和文化；政治斗争和文化斗争是经济斗争的反映。因此，调查研究方法主要的是调查研究各阶级的经济状况，由此分析和研究各阶级在各个革命历史发展时期的思想和态度，并由此制定中国革命和建设的政策和策略。

“没有调查，就没有发言权。”离开实际调查就会产生唯心的阶级估量和唯心的工作指导，其结果不是机会主义，便是盲目主义。在延安整风运动中，更是强调没有调查就没有发言权。反对主观主义（教条主义和经验主义）和调查研究、实事求是是一个问题的两个方面。实践是理论的来源，故对任何一种理论都不能采取教条主义的态度，对待马克思主义的态度尤应如此。马克思主义不是教条，而是行动的指南。1942 年，毛泽东同志在《整顿党的作风》一文中就曾说过：“我们党校的同志不应当把马克思主义的理论当成死的教条。对于马克思主义的理论，要能够精通它，应用它，精通的目的全在于应用。”因此，我们要实现实事求是，就必须坚持理论与实践的统一，既反对重实践轻理论的经验主义倾向，又反对重理论轻实践的教条主义倾向。

四. 立足全媒体时代创新调查研究方法

中国共产党在其历史发展阶段中多次运用调查研究的方法，具有众多的历史经验。大革命时期，在韶山调查的基础上，通过《中国社会各阶级的分析》，毛泽东同志第一次发现中国革命的中心问题是农民问题。土地革命时期，毛泽东同志做了大量充分的社会调查并发出感慨："我做了寻乌调查，才弄清了地主和富农的问题，提出了解决问题的办法"，"贫农和雇农的问题，是在兴国调查之后才弄清楚的，那时才使我知道贫农团在分配土地过程中的重要性，从而开创了农村包围城市的中国革命新道路。西柏坡时期毛泽东同志同样也是在社会调查的基础上，方能了解解放区的党政军和土地改革情况，及时肯定胜利成果、纠正错误倾向，为新中国成立和新政权的巩固奠定了坚实的基础。甚至在 1961 年，毛泽东同志为解决国家的经济困难，首先想到的也是调查研究的方法，亲自组织了三个调查组赴湖南浙江等地农村进行社会调查，在一定程度上解决了群众最关键的问题，恢复了工农业生产。中国特色社会主义时期，邓小平亦对调查研究方法加以坚持和发展。1983 年 2 月，邓小平同志赴经济发达区域江浙沪进行调研。1984 年 1 月，邓小平同志亲自对深圳情况进行了考察。正是在两次社会调查的基础上，邓小平同志才提出了"三步走"的理想目标。因此，调查研究是中国共产党的谋事之基，成事之道。全媒体时代，调查研究仍是行之有效的基本方法。

在过往的历史时期，中国共产党调查研究，多采取的是实地调查或座谈会方式等方法。事实证明，这些方法是十分有效的。新时代这些方法仍然是调查研究的基础。全媒体时代带来的是被总结为"4V"(Volume、Velocity、Variety、Value) 的大数据。这些大量高速多样有价值的大数据通过专业分析可以迅速精准地获得所需结果。"英国剑桥大学心理测量学中心研究员米哈乌·科辛斯基近期与他人联合主持的一项研究认为，仅仅使用公开的 Facebook "赞"(Like) 信息，也能瞬时生成极为详尽的用户心理——人口特征资料，包括种族、性格、智商分数、政治观点和宗教信仰等有效的个人统计信息。"[①]通过搜索工具、流行的即时聊天软件等基本上可以"人肉"

① 田丰. 新媒体大数据能给中国带来什么[N]. 北京：光明日报，2013-10-26.

到你感兴趣的任何问题。因此，基于大数据分析的分类统计研究在网络自媒体时代是一种非常精准、极其广泛的调查研究方法。作为拥有全球最多网民和最大访问量的国家，了解新时代群众反响强烈的焦点话题，对群体性事件进行理论预测，把握国家政治经济发展趋势等从而解决国家民生问题并加以反馈，开启意识形态层面的大数据研究，是一种行之有效的调查研究重要手段。

此外，全媒体因其快捷高效、交互性强、低成本、低门槛等特点，使民众更易于获取政治信息，提升了民众政治参与热情，成为表达和传递民意的基本工具和重要渠道。相较于传统媒体，全媒体平台具有多方面优势，能够更便捷地反映群众诉求，成为汇聚民众智慧、集中呈现社会问题的重要场域。在推进社会主义民主政治过程中，党中央提出发展全过程人民民主，作出了理论和实践重大创新。全过程人民民主最终要体现到人民群众完整的参与实践中，落实到政治生活和社会生活中。保证人民群众的广泛政治参与、表达政治意愿的权利，在新形势下更要顺应互联网发展趋势，有序引导民众网络政治参与，同时鼓励通过网络等渠道建言献策，发挥全媒体技术在助力科学决策、民主决策中的重要作用。

通过互联网等多渠道征求意见建议，广泛汇聚民众智慧。在信息技术时代，重要信息的获取和集体智慧的凝结离不开新媒体方式的传播和交流，数以亿计的网民构成了规模庞大、基础广泛的思想库。党中央在作出事关国计民生的重大规划和决定之前，注重广泛征求意见并研究吸收，近年来利用互联网等新媒体拓宽人民群众建言献策渠道。例如，2020 年 8 月，“十四五”规划编制工作在网上开展征求意见，分别在中央媒体官网和新闻客户端，以及“学习强国”平台等开设专栏，累计收到网民建言和建议超过百万条，为编制好规划提供了有益参考。据统计显示，“党的十八大以来，共有 187 件次法律草案向社会征求意见，有约 110 万人次提出 300 多万条意见建议，许多重要意见得到采纳”[①]。向民众征求意见的过程就是践行群众路线的体现，可以最大限度地凝聚社会共识。

---

① 全国人大常委会法制工作委员会．坚持和践行全过程民主，推进新时代立法工作高质量发展[J]．求是，2021（13）．

借助全媒体方式提高科学决策科学化水平。公共决策的科学性直接关系民众切身利益，民众对此感知最深刻，对决策成效最有发言权和评判权。近年来，党员干部注重开展网上调查研究，通过新媒体多角度了解民众诉求以及对公共决策的看法，为党政机关科学决策、改进工作提供参考。经过长期实践逐步建立并完善了一系列有效制度机制，如民众意见收集反馈制度、社会舆情汇集分析机制、保障民众参与权的听证制度和公示制度、提高决策科学性的咨询制度和论证制度等。在基层民主实践中出现多种形式的载体和方式创新，如社区网上公共论坛、协商民主微平台、开放式党建等，主要围绕关系民众切身利益、基层普遍关注的法规和决策，通过平等交流对话达成共识、化解矛盾冲突，推进有序政治参与。党政机关通过网络关注民意并作出回应，能够激发民众网络问政、参与政治的热情，增强民众政治效能感。利用全媒体平台进行政治参与，这已成为对传统政治参与方式的补充延伸。

第五章　全媒体时代党提升群众组织力的主体路径

第一节　站稳人民立场夯实党员干部政治素养

党的十八大以来，习近平总书记围绕新时代如何坚持党的群众路线、保持党同人民群众的血肉联系作出了一系列重要论述，赋予了党的群众路线新的时代内涵，汇聚起了实现中华民族伟大复兴的磅礴力量。

一．坚持人民至上的价值追求，站稳人民立场

“人民至上”这是贯穿习近平新时代中国特色社会主义思想的一根主线，也是马克思主义政治立场最鲜明的体现。习近平总书记是在人民中成长起来的、深受人民爱戴的人民领袖。他饱含深情地说，“我是人民的勤务员”“我将无我，不负人民”，强调“人民对美好生活的向往，就是我们的奋斗目标”，要坚持贯彻以人民为中心的发展思想，坚持人民主体地位，做到发展为了人民、发展依靠人民、发展成果由人民共享。在坚定不移推进全面从严治党中，习近平总书记以“得罪千百人，不负十三亿”的气概，推动反腐败斗争取得压倒性胜利，深得党心军心民心。特别是在指挥抗击新冠疫情斗争中，习近平总书记反复强调要坚持人民至上、生命至上，充分体现了以百姓心为心的领袖情怀、以人民为中心的崇高境界。事实证明，坚持人民立场，是中国共产党的根本政治立场，是马克思主义政党区别于其他政党的显著标志。

始终站稳人民立场，这是我们党的性质与宗旨的集中体现，也是践行新时代党的群众路线必须把握的根本原则。要在坚守初心中站稳人民立场，学懂弄通做实习近平新时代中国特色社会主义思想，切实把以人民为中心

的价值追求深深植根于党员干部的思想头脑，自觉站在人民立场上对人民负责、为人民服务，厚植党的群众根基、巩固党的执政地位。巩固深化“不忘初心、牢记使命”主题教育成果，总结运用答好“时代之问”等经验做法，健全联系服务群众工作体系，使一切工作更好顺应时代潮流、符合发展规律、体现人民愿望，确保党始终走在时代前列、得到人民拥护。

二．坚持唇齿相依的血肉联系，不断增进民生福祉

习近平总书记深刻指出，“我们党来自人民、植根人民、服务人民，一旦脱离群众，就会失去生命力”，“保持党同人民群众的血肉联系是一个永恒课题”。党的十八大以来，习近平总书记把党的群众路线贯穿治国理政的全部实践，亲自部署开展党的群众路线教育实践活动、“三严三实”专题教育、“两学一做”学习教育、“不忘初心、牢记使命”主题教育、党史学校教育等党内集中教育，身体力行引领全党保持同人民群众的血肉联系。习近平总书记视察江西期间，在井冈山深入贫户家中了解精准帮扶情况，在于都特意察看红军后代家中的厕所改造，用实际行动教育我们“人民利益无小事，一枝一叶总关情”。保持党同人民群众的血肉联系，就要不断增强同人民群众的感情，把群众需要作为第一选择，把群众的小事当作自己的大事，从解决他们最关心最现实的利益问题入手，增强人民群众对党的信赖和信心，从而更加坚定自觉地感党恩、听党话、跟党走。

民心的基础在民生，民生的实质是民心。践行党的群众路线，必须多办好事实事，加强基本民生保障，让人民群众过上更加幸福美好的生活。扎实做好脱贫攻坚后续巩固提升工作，完善防止返贫监测和帮扶机制，坚决防止发生规模性返贫现象。推进脱贫攻坚与乡村振兴战略有效衔接，保持政策总体稳定，推动产业发展、生态保护、文化建设、人才队伍等方面的有效衔接，逐步实现城乡融合、协调发展，扎实推进共同富裕。坚持尽力而为、量力而行，从问题出发、从小事入手、从实处着力，用心用情解决群众关心的就业、教育、医疗、住房、养老、食品安全、生态环境等问题。加强和创新社会治理，确保人民安居乐业、社会安定有序，不断增强人民群众获得感幸福感安全感。

三. 坚持依靠群众的工作方法，提升能力本领

人民是历史的创造者，人民是真正的英雄。紧紧依靠人民，充分调动广大人民群众的积极性、主动性、创造性，就能够迸发出推进中国特色社会主义事业的惊天伟力。党的十八大以来，习近平总书记始终坚持心里装着群众、工作依靠群众、放手发动群众，团结带领全国各族人民“办好中国自己的事情”，为实现中华民族伟大复兴的中国梦凝心聚力，推动党和国家事业发生历史性变革、取得历史性成就。特别是面对新冠疫情这个百年来全球发生的最严重的传染病大流行，习近平总书记亲自部署、亲自督战、亲临一线，始终与人民并肩战斗，构筑起了全民参与的严密防控体系，打响了抗击疫情的人民战争、总体战、阻击战，推动疫情防控取得重大战略成果，书写了令人信服的“中国答卷”，成为全球抗疫成功的典范，“中国之治”和“西方之乱”进一步形成鲜明对比。实践证明，密切联系群众、紧紧依靠人民，是共产党人的政治情怀和政治自觉，也是我们党应对各种风险挑战、战胜一切艰难险阻的力量源泉。

践行好新时代党的群众路线，对党员干部素质能力提出了新的更高要求。必须以强烈的本领恐慌，与时俱进学习新知识、增强新本领，强化政治历练、思想淬炼、实践锻炼、专业训练，特别是要提高政治敏锐性和政治鉴别力，善于用政治眼光观察分析经济社会问题，努力成为贯彻新发展理念、构建新发展格局的行家里手，更好肩负起新时代的职责和使命。坚持从群众中来、到群众中去，善于倾听群众呼声、了解群众意愿、总结群众经验，在调查研究中提高领导水平、工作本领。深刻把握新形势下群众工作的特点规律，完善党员、干部直接联系群众制度，走好网上群众路线，让互联网成为了解群众、贴近群众、服务群众的新途径，成为发扬人民民主、接受人民监督的新渠道，把民心紧紧凝聚在党的旗帜下。

坚持依靠群众的工作方法必须要始终站在人民群众的立场上，真心为群众着想，全力为群众造福，而正确的方式方法则是做好群众工作的有力保障。面对新形势新任务，要善于研究和把握群众工作的特点和规律，用群众喜闻乐见、易于接受的方法开展工作。大力弘扬深入群众、深入基层、

深入调查研究的优良作风。调查研究的过程，是一个了解情况、解决问题的过程。调查研究方式多种多样，无论是深入基层或者到一线调研，都要牢固树立群众观点，植根于人民群众的实践活动中，虚心向群众学习，从群众中寻找解决问题的答案，依靠群众来破解改革发展稳定难题。真正做到谋划发展思路问计于民，查找发展中的问题倾听群众呼声，落实发展任务靠群策群力，衡量发展成效由群众评判。

四. 坚持共同富裕的奋斗目标，提高人民生活品质

共同富裕是社会主义的本质要求，是人民群众的共同期盼。我们推动经济社会发展，归根结底是要实现全体人民共同富裕。党的十八大以来，习近平总书记把脱贫攻坚摆在治国理政突出位置，带领全党全国各族人民顽强奋斗，如期完成了脱贫攻坚目标任务，实现了现行标准下农村贫困人口全部脱贫、贫困县全部摘帽，提前 10 年实现联合国 2030 年可持续发展议程的减贫目标，这在人类发展史上都是一个伟大奇迹。习近平总书记在党的十九届五中全会上强调，“必须把促进全体人民共同富裕摆在更加重要的位置，脚踏实地，久久为功，向着这个目标更加积极有为地进行努力”，要求我们着力解决发展不平衡不充分问题，提高人民生活品质，扎实推进共同富裕。这充分表明，“中国共产党在中国执政，就是要带领人民把国家建设得更好，让人民生活得更好”。

第二节　掌握媒体规律增强党员干部用网水平

习近平总书记强调：“要解决好‘本领恐慌’问题，真正成为运用现代传媒新手段新方法的行家里手。”当前，新媒体以其虚拟性、开放性、便捷性等特征形成了比较完善的网络结构和功能，在一定程度上塑造了中国的政治生态和执政环境。然而，一些党员干部未能适应新媒体环境对密切联系群众工作提出的新要求，面对博客、微博、微信等新媒体的涌现无所适从。新媒体是人民群众现实生活在网络空间的延伸，网络民情是现实社会

民情集中的、及时的反映，对党和政府的各级领导干部实现与人民群众紧密相连具有十分重要的意义。

一. 增强党员干部应运用新媒体知晓民情时事的能力

新媒体的出现，不仅仅是增加了一种新的传播渠道和传播平台，而是极大程度上改变了人们认识世界、改造世界的方式。因此，要想做好群众工作，党员干部必须提高运用新媒体服务群众的能力，通过新媒体听民意、知民情、解民忧、化民怨、暖民心。[①]党员干部是建设我国社会主义事业的中坚力量，加强培训党员干部的科学技术素养，提高认识、利用、建设新媒体的技术，对于党的思想政治教育工作至关重要。对社情民意的了解和倾听是实践群众路线的基本思路之一，做好党密切联系人民群众的工作，需要知晓人民群众的真实诉求、了解人民群众的民生疾苦，更需要党员干部在实践工作中牢牢掌握信息技术，实现为人民服务的科学化现代化。

第一，增强党员干部运用新媒体普查民情倾听民意的工作能力。现代生活网络化日益发展，利用新媒体知晓民情时事是我党开展群众工作必须掌握的基本工作方法。譬如党和政府开设的“两微一端”，主要是利用网络征求更宽泛、更直接的意见，使得收集的信息和资料具有更高的参考价值。通过网络搜集信息资料，了解网民对于时事热点的反响，是党员干部在互联网时代密切联系群众进行科学决策的主要途径，同时亦是知晓群众意愿，实践社会主义民主的新方式。

第二，增强党员干部运用新媒体手段服务群众、解决实际难题的能力。切实解决人民群众社会生活中反映强烈的矛盾问题，保障群众利益不受侵害，是当下增进党同人民群众鱼水情深的基本要求。党员干部不仅要提高自身应用新媒体密切联系群众的工作能力，还要善于倾听群众最直接的利益需求，重视和解决群众反映的民困、民难、民怨等问题。一方面，要加强党政机关门户网站建设，发展电子政务，实行在线办事，推行一站式服务，建设网上服务型政府，提高服务水平，为群众办事提供方便；另一方

① 于燕．运用新媒体做好党的群众工作[J]．党政论坛，2012（13）：3．

面，要牢固树立群众利益无小事、网事无大小的观念，畅通网络社情民意的表达渠道。①

第三. 真抓实干，建立互联网思维。牢固树立互联网思维，创新互联网时代群众工作机制，跟上时代要求，跟上群众期待，是各级干部特别是领导干部面临的重大课题和肩负的责任使命。每一位党员干部都要从内心重视网民和网络民意，把尊重民意、汇集民智、凝聚民力、改善民生贯穿到全部工作之中，畅通和规范群众诉求表达、利益协调、权益保障通道。把“面对面”、“键对键”结合起来，抓住一个“干”字，紧盯一个“实”字，从细节入手，从小事做起，既立足眼前、解决群众的具体问题，又着眼长远、完善解决民生问题的体制机制，真正让互联网成为同群众交流沟通的新平台，成为了解群众、贴近群众、为群众排忧解难的新途径，成为发扬人民民主、接受人民监督的新渠道，凝聚形成网上网下最大的同心圆。。

二. 增强党员干部运用新媒体教育疏导群众的能力

宣传教育群众、引领疏导群众，是新形势下运用新媒体密切党群关系的重要工作内容。现阶段我国媒体文化领域的高地亟需我党的教育工作者去占领，社会舆论的导向将直接影响社会的和谐与发展，影响人民群众的思想趋向，影响执政党地位的稳固。新媒体的诞生将大大刺激和丰富我党教育疏导群众的方式，拉近党与群众之间的距离。通过新媒体的方式教育疏导群众是新时期我党密切联系群众工作的重要一环。

网络舆情具有扩散快、影响力广泛等特点，如果不及时发现、及时教育疏导，就可能让错误的、负面的舆论占据主导，造成严重后果。这就要求领导干部一定要用积极科学的眼光来对待网络舆情，不断提升网络舆情的引导能力，让网络成为顺应民意、传播科学知识和资讯、促进社会和谐发展的重要工具。②

首先，党员干部要心系群众，坚持以群众路线作为一切实际行动的指导方针，把倾听群众心声、解决群众疾苦落到实处，这样才能有效教育疏

① 吴玲．推进网络环境下党的群众工作创新[J]．社会主义论坛，2013（9）：2.

② 刘蕊.新时代领导干部网络媒介素养的提升路径[J].青年与社会，2020（7）：224-225.

导群众。

其次，党员干部必须深入了解各大政务新媒体平台，走进网络贴近网民，落实网络实名认证制度，积极开展线上交流、网络访谈等网民熟知且容易接受的教育疏导方式，提倡变官腔官势为真诚平等的沟通理念，在教育疏导群众的过程中巩固和扩大群众基础，增进党群之间的相互理解与相互信任。

最后，党政机关必须重视新媒体的作用，加强新媒体平台的宣传教育工作，充分发挥网络技术和先进文化引领疏导群众的作用，推动党群关系的密切发展。特别是各级主流媒体网站必须占据舆论引导主阵地，引领舆论传播的积极方向，创新宣传教育舆论正能量的新平台，坚持实事求是以实际凭证据理力争，采取群众容易接受的方式化解社会矛盾，营造健康向上的新媒体语境，不断提高党员干部教育疏导群众的能力。

三. 增强党员干部运用新媒体引领舆论方向的能力

面对庞大的网络群体和日益复杂的媒体舆情形势，提高各级干部的舆论引导能力极为重要，全媒体时代，网络舆情应对、网络舆论引导已成为党政干部的必修课。在全媒体环境下，领导干部同时担负着多重的身份，他们不仅是全媒体的接受者、使用者，同时也是全媒体的管理者、领导者，他们还是全媒体所关注和监督的对象。在这样的环境之下，领导干部就必须培养自己在全媒体环境下的舆论领导力。

全媒体时代舆论引导应坚持以下几项原则：一是预防为主原则。凡事预则立，不预则废。为此，“发现在早、研判在先、处置在小”，应是领导干部舆论引导首先要坚持的原则。二是第一时间原则。把问题消灭在萌芽状态，避免“蝴蝶效应”。为此应坚持“三个第一”，即：第一时间发现、第一时间发布权威信息、第一时间组织评论。三是事实真相原则。追求事实真相是绝大多数人共有的需求，因此在舆论引导中必须坚持信息发布及时客观准确，以真相引导舆论，谣言止于真相。四是公开透明原则。在舆论引导过程中，网民往往容易出现“逆反心理”，对此舆论引导应坚持公开透明原则，谣言止于公开。五是留有余地原则。人们对事实的认知有一个从模糊到清晰的过程，因此为了最终解决问题，澄清真相，在舆论引导中应遵循由简到繁、循序渐进、预留余地的原则。六是权威发布原则。主流媒体主动发声，用权威信息引导社会舆论以体现公信力。七是第三方原则。让诚信可靠的第三方发声，比自己发出的声音有更高的可信度。八是解决问题原则。出现问题，不但要引导舆论，关键还要解决问题。尤其是一些大家关注的敏感、热点事件，问题出现后，除了要及时解释，还要迅速同步进行操作解决问题。根据以上八项原则，领导干部在舆论引导中应着力加强以下几个方面的能力建设：

首先，建立舆情研判机制，提高舆情预警能力。预防为主，既是处置突发事件的原则，也是处置舆情事件的原则。以预防为主就必须牢固树立舆情就是政情的理念，建立健全舆情搜集、分析、研判工作机制，及时发现可能引发事端的苗头性、倾向性信息，分析、预测舆情走势，提出应对意见，超前预警，及时消除诱发网络舆情事件的炒作热点，避免因小问题而引发为大事件。

其次，建立信息发布机制，提高信息发布能力。舆论引导就是真相与谣言赛跑，看谁跑得快，谁在前谁就赢。要建立健全重大突发事件新闻发布工作机制，制定操作性强的工作规范，及时、主动、准确地发布重大突发事件、案件消息，防止媒体炒作成为舆论热点。在信息传播上有一个规律，任何声音当第一时间占据了人的脑海，不管它是正确的还是错误的，后面想再用新的正确的声音去覆盖它是非常困难的事情。因此，第一时间原则既是处置群体性事件的重要原则，也是舆论引导的重要原则。先入为主的观点一旦形成往往要花十倍的代价才能挽回，第一时间谁先发布谁就主动。在“人人都有麦克风，个个都是评论员”的舆论场中，一件看似不起眼的事，都可能在瞬间造成“一呼百万应”的效应。因此只有快速反应，及时发布真实准确的信息，才能争取主动，负面网络舆论才可能在短时间内“偃旗息鼓”。否则将会陷入危机，给工作造成极大的被动。在全媒体时代，重大敏感案（事）件发生后，想捂捂不住，想瞒瞒不了，想堵行不通，唯有及时发声、正确引导。克服谣言的最佳途径就在于建立权威的即时信息，发布渠道，及时发布权威的信息，不给谣言以生存空间，掌握话语主动权，确保正确的舆论导向。

再次，建立舆论引导工作机制，提高与媒体打交道的能力。舆论引导、舆情应对的应急管理应向制度机制建设延伸。一是要建立舆论引导工作制度和机制，促进舆论引导制度化、规范化、科学化。二要建立与媒体的沟通机制，学会与新闻媒体打交道。主动与媒体编辑记者交朋友，理解媒体、关心媒体、善待媒体、善用媒体。要充分利用媒体资源的宣传优势，宣传报道社会主旋律。尤其是一旦发生突发事件，要积极与媒体沟通联系，掌握媒体的关注点，及时主动向媒体透露自己想说和媒体想知道的“爆料”，争取理解和支持，引导媒体客观公正地进行报道。四要建立新闻报道责任机制，严格新闻纪律，严禁违规采访、恶意报道。

最后，加强舆论引导专门力量的建设。一要建立和完善新闻发言人队伍，提高新闻发布水平和能力。二要建立完善网评员队伍，培养本地网络“意见领袖”，做到一旦有事、全员响应、万人跟帖、快速平息。三要进一步加强舆论引导（应对）专门培训，增强意识，普及知识，提高领导干部对全媒体的操作技能和艺术。

第三节　做强主流媒体提升党的舆论引领能力

大数据、人工智能等新技术的飞速发展，给舆论格局带来深刻变化。新技术条件下，主流媒体如何增强舆论引导能力，充分发挥舆论压舱石、社会黏合剂、价值风向标的作用，逐步构建网上网下一体、内宣外宣联动的主流舆论格局，巩固全党全国人民团结奋斗的共同思想基础，已经成为亟待探索的时代命题。

一．以人民利益为初衷，建构良性舆论新生态

在当前传播平台多样、舆论主体多元的网络环境中，不同社会个体对待特定社会议题的认知与表述截然不同。这就要求主流媒体正视舆论生态存在的问题，以建设性新闻理念推进绿色舆论生态环境建设，肩负起时代

使命。秉持建设性新闻理念，提升舆论引导力的有效性。建设性新闻理念的提出源自于欧美新闻界倡导的积极心理学理论关怀。相关研究指出，当人们阅读的新闻报道中积极情绪多于负面情绪时，阅读者的幸福感会随之上升，反之则感到冷漠与无助。因此，建设性新闻倡导将积极情绪引入新闻报道，并提出相应的问题解决方法，引导公众理性认知，从而稳定公众情绪。在重大突发公共卫生事件中，通过建设性新闻理念消除民众恐慌心理进而平稳情绪显得尤为重要。

2020 年暴发的新冠疫情，在一定程度上造成了人民群众的性恐慌。如果真实可靠的消息不能及时传播，就会进一步激起民众的非理性行为和群体极化效应，建设性新闻在传递真实信息的同时，能够引导公众理性思考，冷静分析各方观点，积极促进正能量舆论引导。我国主流媒体针对此次疫情派驻大量记者前往抗疫一线，通过融合报道形态不断输送即时新闻资讯，特别是对一线工作人员的感人抗疫事迹的报道，为民众建立起正向信心，树立起正能量的榜样，激发起民众群体性积极行动。可见，建设性新闻在突发危机事件中能够有效引导舆论走向。倡导建设性舆论监督，突破传统二元对立报道框架。

批评报道与舆论监督也是建设性新闻不可忽视的重要组成。建设性新闻不仅要传递正向信息，更要当好社会环境的瞭望者，防微杜渐式发掘社会发展中的共性问题，在满足人民“四权”的同时，调和不同利益相关者之间的矛盾冲突，合理疏导社会心态，维护社会秩序有效运行。建设性新闻对传统新闻报道模式的迭代与完善体现在两个方面：一方面要明确问题核心，从原有的冲突性、二元对立式报道框架转向理性分析、剖解问题，要明确问题对象和范围，防止扩大问题外延，阻断负面舆论渗透其他无关领域；另一方面，要主动纠偏负面情绪与观点。新型主流媒体需要形成强大的影响力和竞争力，博人眼球与哗众取宠已不符合时代需求，地方主流媒体应发挥地域优势，充分贴近民众，谨防从众心理带来的不合时宜、不理智的言论以及不健康的情绪在网络空间中宣泄，造成网络舆论观点的偏差。这就对地方主流媒体的新闻工作者提出了新要求，新闻生产与舆论引导必须建立在充分掌握与了解网络意见的基础之上，秉持专业素养与职业伦理，帮助公众建构认识问题的正确框架。传递善意，进而促进各方意见的表达，为协商共识奠定民意基础。

推进建设性新闻与地方主流媒体的深度融合，构建良性地域舆论生态。地方新型主流媒体建设在推进机制改革的同时，更要将建设性新闻生产理念融入融合体系建设之中。在实践中，地方新型主流媒体要运用新的媒介技术手段，深度关涉建设性新闻理念，实现新的媒体平台、新的报道手段与建设性新闻流畅衔接，进而唤起公众在全媒体时代的媒介素养与理性思辨能力。此外，还要着力推进地方新型主流媒体建设提升“四力”，让多元主体在包容开放的舆论环境中理性表达，互动协商，才能真正实现守正创新，服务人民。

清朗健康的舆论氛围对于促进社会稳定、国家的长治久安具有重要作用，主流媒体应主动承担重任，利用建设性新闻理念营造积极的舆论环境。特别是在冲突性社会议题中，地方主流媒体要用积极的方式引导民众理性、科学地认知问题，发挥好政府与人民间的纽带作用，共同找寻解决问题的方案，建构客观公平、积极清朗的社会氛围，进而促进社会的发展与进步。只有构建良性舆论生态，引导群众向上向善，才能真正扩大主流价值影响力版图。

二．以服务人民为根本，践行全媒体群众路线

中共中央办公厅在 2020 年 9 月印发了《关于加快推进媒体深度融合发展意见》，提出要服务群众，创新党的群众路线。“全媒体时代的群众路线”成为新型主流媒体建设的重要构成。

坚守主流媒体引导舆论的公益属性。从维护国家政治安全、文化安全、意识形态安全的高度，确保公共财政对主流媒体的合理投入，发挥主流媒体舆论压舱石、社会黏合剂、价值风向标的作用，使其不受市场化因素驱动和干扰。与此同时，在全社会树立坚持正确舆论导向对社会发展具有重大意义的共识，引导形成既尊重个体合理诉求，又从社会全局、国家长远发展乃至人类命运共同体出发，“找到最大公约数，画出最大同心圆”的舆论氛围，不断提升全社会的媒介素养、舆论科学素养。

坚持以人民为中心的引导原则。坚持从群众中来、到群众中去。主流媒体要发挥“开门办报”的优良传统，将宣传议程与舆论热点结合，利用好互联网开放平台组织动员群众参与，用丰富生动的实践呈现全面真实的社会图景，通过广泛深入的交流对话，用群众自己的实践、感悟、语言发挥引导作用，激发社会正能量。充分发挥多元主体的积极作用，丰富、强化主流意识形态，推动更多的正能量网红成为壮大主流舆论生生不息的力量。以人民为中心，解决问题凝聚共识。在全媒体时代，地方新型主流媒体如何践行群众路线是关键。习近平总书记对宣传思想干部提出了要增强脚力、眼力、脑力、笔力的时代要求，是全媒体时代新型主流媒体展开群众工作的指挥棒，也是检验其工作效果的试金石。

赋能政务新媒体发展，创新党的群众路线。全媒体时代地方新型主流媒体建设要始终贯彻以人民为中心的工作导向，创新实践党的群众路线，始终坚持贴近群众、依靠群众、服务群众的原则，赋能地方政务新媒体发展。推进新型主流媒体建设，各级党媒要秉持“开门办报”理念，提升平台开放性，进而吸纳更多用户参与新闻内容的生产传播，极大增强了信息传播的互动性。在全媒体时代，群众的意见表达和诉求很大部分已经从线下转移到线上，新型主流媒体践行的群众路线也必然要将工作重心转移到网上。“开门办报”是主流媒体优势传统的延续，用开放的平台提升用户互动与黏性，成为全媒体时代信息生产的重要环节。

在全媒体时代，践行群众路线不能仅考虑流量逻辑，更要注重衡量公平正义，真正践行公平、公正、民主。为人民服务是党的宗旨，为群众办实事就是“微心愿”创办的初衷，其最显著特征就是观点鲜明、推动事件进程。在厘清现实链条、辨别是非的前提下，合乎法律规范与民众期盼的新闻评论，往往能够有效舒缓公众的焦虑情绪，进而推动问题的解决。

三、以国家治理为导向，为社会发展建言献策

随着进入万物皆媒、万物互联、媒体深融时代，媒体和社会的联系日益紧密，主流媒体在政务服务、电子商务、在线教育等方面的内在潜力被不断挖掘，逐渐实现向参与者、协调者甚至组织者的角色转向。我国主流

媒体在提质增效的同时，将比以往更深入、更全面地渗透社会生活的各个方面，帮助社会治理真正落地。

现代化社会治理格局的良性运作需要政府、民众、媒体、企业等多元主体共同发力、协同参与，而不是仅仅局限于单一的政府部门。其中，主流媒体作为社会网络中的关键节点，能够有效凝聚其他社会主体，帮助实现社会治理体系从政府单一主导向社会多元合作、从线下向线上的转变，由此构建“家国合力”，极大程度促进国家治理体系和治理能力现代化，这也与中国式现代化新征程的发展逻辑不谋而合。于政府而言，政府锻造新型主流媒体，布局“报、网、端、微、视”的全媒体传播矩阵，借助智能化的媒体平台，及时、高效地体察民情、下达政策、开展政务服务；于民众而言，其能借助主流媒体这一端口，更好地实现自己的“媒介参与权”和“表达权”，实现监督政府、上达民意、沉浸式获得信息体验和民生服务；于企业而言，主流媒体成为重要平台，帮助企业拓宽产业边界、传播品牌形象。在政府的引导下，主流媒体也能更好地守正创新，发挥主流思想的导向引领作用。总之，媒体作为社会运行的基础架构被嵌入和应用于治理现代化进程，有利于促进纵横交织、分工协作、环环相扣、多维立体治理结构的形成。

主流媒体的深度融合与社会治理工作是有机统一、互相成就的关系。当前，我国主流媒体的深度融合工作不断下沉，在稳中向好的同时也存在着一些现实瓶颈。外部环境来看，传媒业生态格局存在不稳定、不确定的因素，尤其新闻生产消费的话语权下放到用户手中，主流媒体从事新闻生产的竞争力变大，传统地位受到挑战。内部环境来看，主流媒体表现出明显的地区融合差距，由于技术、资金、人力等要素制约，西部地区的主流媒体建设远不如东部地区成效显著。同时，行政组织、体系架构、人员薪酬的一些体制机制也束缚影响主流媒体的高效整合。

在此背景下，主流媒体跳出简单新闻生产的思维局限，通过赋能和参与社会治理实践，在数字中国、智慧城市、数字乡村等领域发力。此种实践帮助主流媒体在竞争日益激烈复杂的新闻市场中找到更多的创新路径、统筹协调多元社会、疏导化解社会矛盾、引导主流舆论，在价值层面超越了商业媒体和自媒体。同时也一定程度上加深和拓宽主流媒体深度融合的可能性，成为主流媒体融合突破深水区的关键，为未来发展闯出新路。

媒体作为社会系统的子部分，其发展与社会演进相辅相成。我国主流媒体十分重视和强调把媒体发展逻辑嵌入社会治理，在这方面的实践已在不断探索中，这不仅是对我国构建国家治理格局的一大贡献，也为媒体的发展提供了未来的发展方向。中国式媒体治理的独特性、智慧性、先进性体现在主流媒体始终同国家发展步调保持一致，紧密配合党和政府的顶层设计指导，展开信息传播、舆论引导、社会服务。当今，全球化潮流势不可挡，但逆全球化、贸易保护、全球公共健康危机、地区冲突等问题不断，我国媒体深度融入社会治理维度，为国际社会提供了有效参考和实践借鉴，传递东方智慧，有利于共建新型国际秩序，推动构建人类命运共同体。与此同时，这使我国主流媒体主动和国际社会对接，从治理实效角度切入讲好中国故事，为世界了解真实客观的中国提供窗口和契机，从而帮助打破我国在国际上话语失衡和框架断裂的不利局面，全面提升我国对外传播能力，提升国际传播的话语权。

发挥媒体优势，建设推进国家治理体系和治理能力现代化的重大思想理论传播主阵地。在思想理论的传播实践中，主流媒体不能仅仅满足于一般性的解读和传播，而应扛起传播重大思想理论的职责，努力打造重大思想理论传播主阵地；要坚定不移宣传习近平新时代中国特色社会主义思想和党的二十大精神，让党的旗帜在宣传思想舆论阵地高高飘扬。通过建立制度、完善机制，全面落实意识形态工作责任制，切实把好方向和导向，筑牢先进文化之基，守好政治安全防线，树立正确价值理念，拓展科学理论覆盖，有效巩固宣传思想文化阵地；要坚持与时俱进、改革创新，在传播理念变革、传播思维创新、传播策略优化、传播技术升级、传播方法多样上下功夫，既牢牢守住阵地，又开疆扩土，不断壮大主流舆论，不断扩大主流传播影响。

第六章　全媒体时代党提升群众组织力的技术路径

第一节　利用大数据精准收集社情民意

一．大数据助力社情民意收集技术手段的升级创新

大数据环境当中，网络社情民意的特点表现为信息量巨大，并且更新的速度不断增快，很多信息在短时间内就会被淹没，所以选择原有的信息收集方式无法及时有效收集信息。那么在推行大数据技术的助力下，社情民意收集调查的手段不断提高，可以对数据进行动态分析，提高信息收集的有效性。

在社情民意数据的收集中，党要对所有的关键技术进行采集和研究，从数据监控的基础上了社情民意的基本倾向。同时还需要对所有的平台信息进行及时性的处理和记录，让更多有用社情民意信息能够被快速识别并展露其价值。利用当下较为热门的云计算和云存储等相关技术，实现对民意信息数据的存储和大规模的读写交换。大数据技术应用资源消耗较大，但利用互联网技术可以通过资源共享和云技术来解决这一问题。所以后续的数据存储技术可以在量化指标体系或演化研究模型的基础上，达到新型的数据模型的建设，这些模型的使用还能将民意信息和社会事件的发展相结合，并将相关数据统筹在内，从更精准的角度上对社情民意进行分析和提炼。研究社会实际情况和民众意愿的相关数据，如果被不法分子利用，很有可能会产生严重后果，所以要从防火墙或数据加密等多种技术入手，尽可能从创新的角度上解决数据的使用和存储等多方面的问题，将数据价值真正做到为民所用。

政府要从数据信息共享平台的建设开始，将更多数据包含在对应的体

系和构建的模型当中，保证资源的充分使用。在各类信息平台层出不穷的今天，人们信息使用的途径不同，了解和认识的信息方式也会发生变化，对于媒体或官方网站等发布的各类信息，要保证传播速度和时效才能起到引导社会舆论，体察社情民意的作用。政府还需要加强不同部门之间的协调配合，在同多部门联动机制共同构建和谐合作方式的基础上，对民情民意问题进行。政府部门要以发展的眼光考虑问题，在社情民意的收集中加强各部门的信息互通和共享，充分大数据提升社情民意收集和分析的准确性。要从整个社会的数据联动角度上，实现对民情民意的发展问题的研究和探索。在平台互联方面，应加快推进各层级公共数据开放平台的互联互通，制定统一的公共数据开放平台管理制度和标准规范，构建全国统一的公共数据开放平台体系，逐步形成一站式、便捷化、全口径的公共数据开放服务能力，提高社情民意收集、分析的有效性。

二．大数据助力网络社情民意收集渠道的丰富拓展

海量、复杂的网络民意为党的民意调查带来挑战，而大数据技术则恰好契合这一需求，为传统的民意收集机制带来有益补充。开展社情民意分析与监测工作是倾听民声、实现民意、服务民众的重要途径。通过大数据技术手段拓宽数据收集渠道，加强民意声量跟踪，提升社情民意分析数字化水平，对精准把握群众诉求、全力破解民生难题具有重要意义。

传统的民意收集机制由于样本数量不足，且容易造假，经常被诟病为“以偏概全”。大数据时代的到来，使民意的表达窗口革命性地转向海量的数据更新和多平台发布，传统的民意收集很难在第一时间反馈民意测评结果，并且在多平台数据收集方面力不从心。目前，大数据工具被试用于重大政策颁布的民意测评，在时效性上弥补了传统民意收集手段的不足，在政策颁布前后第一时间反馈舆论动向，且反馈方式更加灵活和直观。同时，全互联网收集方式也让民意收集的数据来源更为全面，可借鉴性增强。

大数据技术提供的民意信息监测、民意研究报告等，通过系统化梳理，实际上也是网络民意的阶段性反映，具有较高的决策参考价值。尤其伴随

着大数据挖掘技术的发展，大数据技术机构也在探索网民行为、群体特征等多维度交叉分析，力求分析结果的客观性、准确性，可在一定程度上弥补民意作为收集手段的样本代表性模糊问题。

老百姓当中的一部分人是网民，社区老百姓通 过移动互联网络，他们的民意也会反映到网络上，各级政府就要重视百姓的呼声，让大数据时代的社情民意建立“点”“线”“面”相结合的民情信息反馈网络。所谓“点”，就是要积极建立社情民意信息站民情信息汇集中心，这个中心地点可以设立在社区居委会办公室当中，这是社区与居民群众交流的联系站。另外，要积极开通民情信箱或民情热线电话等，要做好接待前来反映问题的群众的工作，构建民情日志登记制度。民情信息反馈网络的“线”，就是领导干部成员有一条联络群众的“工作线”,社区的各级干部也要有上情下达、下情上传的工作线，各级工作人员要深入到居民社区了解具体情况。只有在与百姓的沟通交流中，感受他们的疾苦、困难，党与政府和老百姓之间的联系才能更加紧密。

要充分利用好大数据平台，积极了解社情民意，以服务人民群众为出发点，关心群众，爱护群众。在大数据时代，一方面我们要依托软件的力量，另一方面还要更倚重人才的力量。要选拔优秀信息化工作者，让他们发挥出专业优势，促进信息质量提升，信息工作人员要积极参与相关履职活动，提升反映社情民意信息工作的针对性。另外要进一步拓宽社情民意表达的广度深度，要注重信息挖掘整理，通过调研、挖掘、提炼社情民意的信息。同时，我们要积极组建一支以联系群众为主要核心力量的党员干部队伍，让他们走进社区，走进百姓家，了解社情民意。我们要构建从社区党员到居民群众时刻关注着社区的和谐稳定的工作队伍。

大数据时代的社情民意的采集渠道得到了拓展，各级工作人员要充分利用大数据技术带来的便利，极投入到调查社情民意的工作当中去，适应时代科技发展的潮流，利用“互联网＋”数据平台 解百姓生活，走到人民群众中去，倾听他们的呼声，合理科学地处理民意数据。

三. 大数据助力互联网时代社情民意的精准感知

党的十九届四中全会将“创新互联网时代群众工作机制”写入《中

共中央关于坚持和完善中国特色社会主义制度推进国家治理体系和治理能力现代化若干重大问题的决定》，目的在于适应互联网时代国家和社会治理的新特点和新形势，通过发展完善互联网时代群众工作制度，保障人民在国家治理中的主体地位，着力防范各级领导干部在互联网时代脱离群众的危险。

群众工作是党的生命线，群众路线是党的根本工作路线。大数据时代，维护和发展好党的生命线和根本工作路线，关键是要提高对大数据的认识水平，并根据时代的新变化和新要求，不断革新群众工作的内涵和方式。大数据时代的群众工作，并非简单等同于利用大数据了解社情民意、汇集民心民智的技术活；也不能将大数据时代的群众工作简化为舆情管理，这样的思路是肤浅的，低估了大数据在群众工作中的作用。

当前，大数据融入经济生产和社会生活，刺激资源配置方式、信息交互方式，改变了社会组织运行方式，改变了原有的治理体系和群众工作的条件，治理环境发生很大调整，原有的治理范式在部分层面失效了。在社情民意收集上要紧紧围绕国家重大战略布局，推动开展大数据综合应用。依托全国一体化政务服务平台和国家“互联网＋监管”系统，深化政务服务和监管大数据分析应用。牢固树立“宣传群众就要宣传网民，联系群众就要联系网民，服务群众就要服务网民，走好群众路线就要走好网上群众路线”的意识，牢牢掌握网络空间这一影响党群关系和执政基础“最大变量”的主动权。

任何涉及群众的工作，都建立在相对稳定的组织基础之上，例如传统社会的组织基础是家庭，计划经济时代依赖城乡分割体制和稳定的单位制度。在建设市场经济过程中，从农民到市民，从居民到网民，从实体社区到虚拟社区，社会力量和公共空间不断壮大。社会组织相对稳定、政府各部门分工明确以及有效的制度执行力是过去群众工作稳定开展的前提，行政机构的权责边界也相对清晰，职守一方、守土有责。但是大数据改变了这个条件。大数据空间边界模糊，它可以是有形的物理空间，人事和制度构成的组织空间，也可以是无形且无组织的观念空间。它无形，松散，组织效能低。这是对治理结构的挑战。

大数据时代的网民，也不再是过去处于某一特定组织、相对具有整体性的“人民”。网络对社会成员进行了“再组织化”，各行各业的人群基于话题、诉求、兴趣爱好等重新组合。在这样的环境下，网民个体和经由网络联络组成的虚拟组织获得了在网络上的行动能力，更多微观的交易行动和隐秘行为在网络上出现，国家面临更复杂的微观治理环境。大数据极大地推动了知识的大众化、民主化，群众拥有了更多发言渠道，拥有了信息获取和自我强化的能力。这意味着观念和精神秩序的重塑。过去，舆论自上而下影响着群众，而现在，网民可以主动地塑造社会舆论，形成热点。

在大数据时代，当前的党群工作体系还存在诸多难以覆盖的真空地带。人民群众的组织化程度相对下降，大数据赋予了社会成员更加开放、能动的特性。在这一情况下如何做到“精准感知社情民意”，是对现有群众工作机制的巨大考验。大数据时代也蕴含着创新群众工作机制的契机与资源，能否利用好取决于我们是否能够以全新的理念和方式思考、应对。面对大数据空间内各种复杂性社会问题和群众的多元化需求，领导干部需要培养融合、连接以及有效判定各种社会利益冲突的能力，需要熟悉大数据特点，熟练运用大数据工具，能够在各种不同的新兴社会群体中建构信心、有效互动。

创新大数据时代群众工作机制，要求领导干部利用好大数据平台，让大数据成为了解群众、贴近群众、为群众排忧解难的新阵地，成为发扬人民民主、接受人民监督的新渠道，成为更精确识别群众诉求、更及时了解民心民意变化、更有效地预测预防各类新型社会风险的新途径。

创新大数据时代群众工作机制，要求领导干部与更多的新人群、新组织、新社会力量开展互动，强化多中心思维、大数据思维与合作协同思维，更广泛地团结市场、社会主体尤其是新兴技术社群，共同构建利益共享、风险共担的协同治理新机制。

第二节　运用多媒体技术开展数字化宣传

一. 用多媒体技术讲好中国故事

习近平总书记在全国宣传思想工作会议上发表的重要讲话指出："要推进国际传播能力建设，讲好中国故事、传播好中国声音，向世界展现真实、立体、全面的中国，提高国家文化软实力和中华文化影响力"，提出了"展形象"的战略使命，对讲什么中国故事、怎样讲中国故事作出了明确要求。随着全媒体时代全程媒体、全息媒体、全员媒体、全效媒体的不断发展，信息无处不在、无所不及、无人不用导致舆论生态、媒体格局、传播方式发生着深刻变化，对如何讲好中国故事提出了新的挑战。习近平总书记在主持中共中央政治局集体学习时强调："我们要因势而谋、应势而动、顺势而为，加快推动媒体融合发展，使主流媒体具有强大传播力、引导力、影响力、公信力"，"让正能量更强劲、主旋律更高昂"。我们要发挥媒体融合发展的技术力量夯实讲好中国故事的根基，还要发挥媒体融合发展的平台力量激发讲好中国故事的活力，展形象，让世界更好地了解中国。

要在多媒体时代向世界展现真实、立体、全面的中国形象，就必须发挥媒体融合发展的平台力量激发讲好中国故事的活力。要因势而谋，提升讲好中国故事的能量；要应势而动，增强讲好中国故事的本领；要顺势而为，优化讲好中国故事的效果。要让中国故事、中国形象在世界范围内更加可感可知和深入人心，不断提高中国国家文化软实力和中华文化影响力。

因势而谋，提升讲好中国故事的能量。首先要做强主流媒体，调动讲好中国故事的主体能动性。要推进媒体融合向一体化发展，通过优化媒介流程、再造媒体平台，实现有效整合媒介资源、生产要素以及融通信息内容、技术应用、平台终端、管理手段的目标，从而打造出拥有卓越竞争力的新型主流媒体。要凭借创新组织架构、革新运营机制、更新资源力量催化融合质变、放大一体效能，使这些新兴主流媒体树立担当精神和责任意识，牢牢占据传播制高点，积极主动地讲好中国故事。其次要完善传播格局，挖掘讲好中国故事的媒介能效性。要科学统筹传统媒体与新兴媒体、协调中央媒体与地方媒体、平衡主流媒体与商业媒体、融通大众媒体与专业媒体间的关系，充分调动国家资本、民间资本的运作活力，形成覆盖不同国家地区、不同文化系统的完备传播格局。要依靠全盘系统化设计部署在这一完备传播格局内调配资源、调整结构、平衡发展，发挥媒介协同能力，以一致的姿态阐明中国观点、呈现中国现场，在国际平台上奏出和谐而响亮的中国声音，讲好中国故事。

应势而动，增强讲好中国故事的本领。首先要坚持正确方向，确保讲好中国故事旗帜鲜明。要利用主流媒体客观真实的传播特征提供海量观点鲜明的信息内容，在舆论领域占据主动权和主导权，始终把握文化传播正确方向。要通过理念革新、内容更新、形式翻新、方法创新等途径显著提高正面宣传的质量和水平，确保文化传播始终恪守与国家利益和民族利益高度统一的政治方向、舆论导向、价值取向讲好中国故事。其次要探索多样形式，助力讲好中国故事。要以不拘一格的理念推进符合时代需求的社会主义文艺创作，深入研究中华文化时代化、国际化表达的多样形式。要借助多媒体新闻作品、文娱作品等丰富的媒介文化产物对中华文化进行生动化、具象化的诠释，让埋藏在故纸堆里的传统文化焕发活力，让成长于新时代的当代文化绽放魅力，多姿多彩地讲好中国故事。

顺势而为，优化讲好中国故事的效果。首先要满足受众需求，增进讲好中国故事的心理认同。要深化对差异化信息习惯和文化心理的研究，理解不同民族、国家、地区的人们在信息传播和信息处理方式上的区别，探明世界各文化品类与中华文化在文化心理上的分歧面与趋同面，充分了解受众需求。要有针对性地抓住文化契合点采用可接受的方式构建具有创造力、感召力、公信力的话语体系，扩大中华文化承载的主流价值影响范围，高效地讲好中国故事。其次要研判舆论反馈，壮大讲好中国故事的参与力量。要以包容和耐心广泛听取各种声音，掌握传播对象出现了解肤浅、认识模糊、情绪消极、观点错误、意见偏激时的宣介真理、廓清概念、化解怨气、纠正误解、引导偏见的有效方法，高度重视舆论反馈。要将中华文化润物无声地娓娓道来，把“我们想要说”变成“受众愿意听”，从而吸引“他人讲”同“自己讲”结合起来，群策群力讲好中国故事。

二．借助数字化发展赋能思想宣传工作

以数字化为宣传思想工作赋能，是做好新时代宣传思想工作的必然选择。当今时代，信息技术创新日新月异，以大数据、人工智能等为代表的数字技术在推动经济社会发展、促进国家治理体系和治理能力现代化，以及满足人民日益增长的美好生活需要方面发挥着越来越重要的作用。党的十八大以来，习近平总书记放眼未来、顺应大势，结合我国发展实际，围绕数字经济发展、数字政府建设、数字化改革等提出了一系列战略性、前瞻性、创造性的重要论述，深刻阐明了数字化发展的趋势和规律。数字化赋能宣传思想工作是大势所趋，不以主观意志为转移，在数字化环境下，将对宣传思想工作的手段、路径、措施带来革命性甚至是颠覆性的影响，数字化也将成为宣传思想工作守正创新的关键抓手。必须紧紧抓住数字化、信息化迅速发展的历史机遇，善用信息革命成果，增强能动性，为开展宣传思想工作提供强大的驱动力，加快构建融为一体、合而为一的宣传思想工作大格局。

以数字化为宣传思想工作赋能，必须推动主力军全面挺进主战场。一定要增强阵地意识，牢牢把握互联网这个重要舆论阵地，推动主力军全面挺进互联网主战场，以互联网思维优化资源配置，把更多优质内容、先进技术、专业人才、项目资金向互联网主阵地汇集、向移动端倾斜，让分散在网下的力量尽快进军网上、深入网上，做大做强网络平台，占领新兴传播阵地。必须广泛动员各条战线、各个部门加速进入互联网主战场，让正能量有大体量；必须加大信息技术研发力度，突破功能界限，提高宣传思想工作的时效性、针对性、延续性。

以数字化为宣传思想工作赋能，必须运用数字技术对宣传思想工作进行优化升级。数字化不是简单的“宣传思想文化＋互联网”，而是以宣传内容为核心与以技术平台为基础的“有机体”，注重发挥数字内容生产的优势

特长，用好5G、大数据、云计算、物联网、区块链、人工智能等信息技术革命成果，在理论宣传普及、媒体深度融合、精神文明建设、文化产品供给、网络综合治理等各领域各环节广泛融入新技术新手段，推进文化领域治理体系和治理能力现代化。注重网络内容建设，通过数字化改造建立充实思想理论资源数据库；运用大数据加强互联网舆情监测预警、分析研判和应急处置，提高网络舆情分析的准确度和精确度；大力发展网络文艺，鼓励文化单位和广大网民依托网络平台依法进行文化创作表达，推出更多创意精彩、技术精湛、制作精良的网络文学、综艺、影视等数字出版产品，发展积极健康的网络文化；加强文化数字化基础设施和服务平台建设，构建文化数字化治理体系，构建物理分布、逻辑关联、快速链接、高效搜索、全面共享、重点集成的国家文化大数据体系。

以数字化为宣传思想工作赋能，必须始终坚持正确方向导向。数字化不仅是技术、平台与传播方式的全方面融合，更是思想内容与人文精神的高度融合，必须牢牢把握“正能量是总要求、管得住是硬道理、用得好是真本事”的基本原则，顺势而为、因势利导、趋利避害，全面提高驾驭数字化的能力和本领。始终坚持以社会主义核心价值观为引领，坚守中华文化立场，传播正确的历史观、民族观、国家观、文化观，弘扬中华优秀传统文化、革命文化和社会主义先进文化，讲好中国故事、弘扬中国价值、体现中国精神，让积极健康向上的优质内容成为数字内容的主流，营造风清气正的网络环境。

三. 利用全媒体宣传布局奏响时代主旋律

十四五规划提出，“坚持马克思主义在意识形态领域的指导地位，坚定文化自信，坚持以社会主义核心价值观引领文化建设，围绕举旗帜、聚民心、育新人、兴文化、展形象的使命任务，促进满足人民文化需求和增强人民精神力量相统一，推进社会主义文化强国建设。”还在“社会主义文化繁荣发展工程”具体项目中专门列出“全媒体传播和数字文化”。这是从目标方向，内容形式上对新形势下宣传思想文化工作的重要部署。

举旗铸魂，让党的声音始终成为网络空间最强音。全媒体时代的传播生态和传播格局发生深刻变化，意识形态安全面临许多新挑战。习近平总书记指出：“网络是一把双刃剑，一张图、一段视频经由全媒体几个小时就能形成爆发式传播，对舆论场造成很大影响。这种影响力，用好了造福国家和人民，用不好就可能带来难以预见的危害。要旗帜鲜明坚持正确的政治方向、舆论导向、价值取向。”紧紧围绕习近平总书记治国理政新理念新思想新战略，通过全媒体化视听交融的形式，搭建起国内外广大网友学习习近平总书记重要讲话精神的学习平台。近年来，5G、大数据、云计算、全息投影、增强现实、人工智能等各种新技术不断涌现，助力媒体走上网络传播创新快车道。全媒体时代是个大趋势，媒体融合发展是篇大文章。谁能顺应大势引领全媒体时代，谁就把握了战略主动。

深入实施“主题宣传全媒体传播工程”，就是要在主题宣传中，构建台、网、微、端、屏全媒体传播矩阵，形成多层次、多渠道、多样式的全媒体宣传格局，立体化呈现，精准化传播。统筹布局微、短视频和中、长视频，综合运用各类节目形态，针对不同受众特别是青少年，按照“精准滴灌”的思路，让主题宣传更接地气，更有人气，让红色基因、革命薪火代代相传。全媒体传播是媒体融合发展的产物，当前从中央到省市县的各级各类媒体在媒体融合转型实践中均取得一定成效，全媒体传播格局初步形成，有力扩大主流宣传主阵地。按照“十四五”规划纲要的要求，发展全媒体传播和数字文化，要推进国家、省、市、县四级融媒体中心（平台）建设，推进国家有线电视网络整合和 5G 一体化发展。在纵深推进媒体融合发展的背景下，统筹布局全媒体宣传格局，需要在平台协同机制和宣传统筹机制两方面发力。

整合各层级媒体融合资源，建立国家、省、市、县四级融媒体平台协同发展机制。实现全国各级广电媒体服务云与制播云的互联互通、协同联动、融合创新，构建智慧云平台，推动传统制播网络向互联互通的 IT 架构转变，构建“全媒体汇聚、共平台生产、多平台发布”的一体化媒体智能化信息资源平台，形成资源集约、结构合理、差异发展、协同高效的全媒体传播格局，形成层级功能明晰、管理运作协调、发展生态平衡的“广电融媒系统”，发挥出“整体大于部分之和”的系统作用，提升各级广电融媒主体传播力、引导力、影响力、公信力，壮大广电媒体的舆论阵地。如本次两会报道，江苏广电和各大运营商积极合作，强化技术赋能，推出“全5G覆盖、全云端生产、全方位共享”等新技术应用。不仅北京、南京前后方所有点位均实现高带宽、低时延的5G网络覆盖，生产的优质新闻内容也第一时间通过荔枝云县融平台分享给全省十三个设区市及江苏省所有县级融媒体中心。

充分发挥日益完善的重大主题宣传一体化统筹机制和一系列舆论引导新机制。充分利用多级联动融媒体中心体系、MCN传播体系、区域一体化协同体系，统筹布局广播电视频率频道和网络视听媒体矩阵，统筹布局微短视频和中长视频，从全媒体内容产品形态到传播分发，实现整合策划、整合宣传。有序组织党史相关主题原创节目、微短视频创作征集、推优扶优和展播活动。强化内宣外宣协同发力，网上网下同频共振，使舆论宣传形成声势、相互呼应、产生影响。统筹构建全媒体宣传格局，唱响新时代主旋律最强音，不断巩固壮大主流思想舆论，把全国14亿多人民的思想，深深筑牢治国理政、定国安邦的强大思想根基，为实现“两个一百年”奋斗目标共同奋进！

第三节　基于网络舆情监测平台引领群众

互联网信息传播技术的飞速发展也具有两面性，在给社会主义意识形态的发展提供机遇的同时，也给我国意识形态工作主动权带来了严厉的挑战，互联网已成为群众意识表达的最大平台。当前的中国处于重要的发展机遇期，发展过程中不可避免要面对各种社会矛盾，这些存在的矛盾必然会反映到网络上。基层地区是网上舆论活跃、网络舆情频发的地区，应对复杂多变的网络舆情，及时准确掌握舆情动态、科学引导网络舆论，是摆在各级基层政府面前亟待解决的一大课题。习近平总书记在全国宣传思想工作会议上强调，要把网上舆论工作作为宣传思想工作的重中之重来抓。各级地方政府面对互联网等新兴媒体快速发展的新情况新挑战，构建合理有效的网络舆情应对工作机制，对提高基层政府的社会管理能力有非常重要作用。

一. 完善网络舆情工作机制，引导网络舆情发展

目前从中央到地方，各级党委高度重视网络宣传管理工作，在机构建设、人员配备上与以前相比都有了质的飞跃，目前全国绝大多数省市已经建立了互联网信息办公室等机构专职进行网络宣传管理工作。但面对当前互联网上纷繁芜杂信息和舆情，仅仅依靠这些力量来应对和处置是远远不够的，同时网络舆情几乎反映了现实社会的各方面的舆论状况和发展态势。这些情况和形势表明各级地方政府有必要统筹考虑，建立相关网上舆情综合应对处置机制，了解民情民意，不断改进社会公共管理与服务。各级地方政府要通过建立网络舆情日常工作机制，收集当地主要新闻网站、重要网络论坛、当地有影响力的微博微信号上所涉及本地的舆情和敏感信息、本地主要新闻媒体网站，以及中央新闻媒体网站、国内重要商业网站中有关本地的社情民意和新闻监督的报道；建立和完善舆情预警、舆情应对和引导、舆情联动防控体系，实现舆情工作规范化、制度化，明确受理、转办、督办、反馈等工作流程的具体要求，通过实施网络舆情常态化监测和应对的工作机制，着重考核网络发言人设立、舆情应对处置、网民信息互动、网络宣传时效、网站建设质量、信息公开程度等内容；各级地方政府应主动将网络舆情日常工作纳入党政部门绩效考核范围，制定网络舆情工作目标责任考核办法，对网络舆情工作履职不到位、责任不落实的要严肃追责问责。

有关研究理论表面表明，可控制性和可引导性是公众舆论具有的特征。较多舆情事件已经证实，网上的信息并不是被所有人无选择性的接受，社会公众明显倾向于信息出处是内容翔实、客观全面的权威性网站。首先，保持信息的公开通畅。构建网络舆情引导机制，地方政府应重视信息发布，速报进展、慎报原因，用客观、公正、翔实的报道第一时间占领舆论空间。组织论据充分、语言精练的文章在网上刊发，解答疑难问题、消除困惑情绪，维护好网上正面积极舆论导向，逐渐建立起健康的网络氛围。其次，要重视通过网络评论员进行网络舆情引导工作。通过他们积极向上、观点正确的网络评论，让主流言论占据舆论高地。在引导过程中，要注重培养

认同意识，运用理性力量和情感因素来进行舆论引导，用平等交流取代强制灌输，使之产生认同与共鸣。要注重培养为我所用的网络“意见领袖”，“意见领袖”的作用在于先对新闻事件做出解读，形成价值判断后，再根据传播学上的“二级传播”理论，传递给公众。重大突发舆情事件发生时，网上会出现大量各类信息，普通大众们往往会莫衷一是，此时他们对权威评论的心理期望值处于峰值，更需要“意见领袖”的声音作为自己参考判断的依据。三是改变以往把控方式，以疏导网民情绪为主。网络媒体传播模式的跨越式发展，导致以往传统平面媒体组织严密、专业细化的把关人角色被削弱。这些变化的情况就要求我们转变以往舆论工作的观念和方式，主动设置科学的网上话题或议题，带动主流，引导网民参与到公共话语空间。在网络新媒体传播形态下，对舆论管理的方式应从“严把关”转变为“巧指路”，从以前要求社会公众“看什么”转变为教育大家“怎么看”，从过去“堵”的方式居多，发展为现在以“导”的方式为主。强制灌输要重视受众的需求特点，同时与尊重受众相结合，在互动中引导网络舆论走向，在宽容多元化利益诉求的同时，还要在眼花缭乱的新闻事件和错综复杂的意见中为网民指点迷津、纾解疑惑。

二. 建立网络舆情预警机制，预防网络舆情风险

随着信息传播技术手段的飞速发展，舆论环境更加复杂，突发事件引发的网络舆情在某种程度上是难以避免的。利用网络舆情预警机制，有关部门可以有步凑、有目标地对网络舆情实施干预，如可以采用组织正面新闻报道的方法，冲淡在舆情收集和分析中发现的不良倾向性信息。一是在舆情预警机制的常态化运行方面，所实施的网络舆情信息监测、采集和报告机制要实现对互联网多层面、多维度、全天 24 小时有效覆盖。比如，可采取“人工＋技术”多手段舆情监测预警体系，即实现了全年 365 天×24 小时对互联网不间断舆情监测，又可以根据工作需要对敏感对象、敏感舆区、敏感领域有选择的重点巡查预警等。二是通过建立重大事项风险评估机制和突发事件监测机制，做好非常态情况下舆情预警机制。比如，在发布涉及群众切身利益的重大政策，启动对环境影响较大的重大工程，开展

有安全事故可能性重大活动前，充分考虑可能产生舆情的各种可能性，全面搜集情况，提前部署准备，制定好突发事件舆情应对预案。在处置突发舆情事件时，第一时间发现舆情、第一时间报告舆情的机制显得尤为重要，可以在舆情事件爆发前争取到提前介入的时间，同时还需要通过比较详尽的判断标准和预警方案，制定不同舆情预警等级所对应的工作措施。三是制定网络舆情甄别研判工作机制，从海量的网上信息中甄别出有可能引发舆情事件的信息苗头和线索，去伪求真，对事件的矛盾性质、产生根源、社会涉及面等内容进行预判，分析和解读现有网上舆情信息的传播态势，重点掌握舆情首发源头、主要扩散渠道、“两微”等自媒体传播情况、媒体和网民倾向性观点等，增强舆情预警的及时性和可靠性。分析事件所牵涉的政策背景和社会环境，参考既往其他地方类似舆情事件的发展和演变走势过程，结合现有实际情况对舆情未来走势进行判断，提出应对事件的措施和建议。

三. 建立网络舆情联动机制，营造清朗的舆论环境

网络舆情事件的产生包含复杂的原因，多数涉及到多个行业和部门，要做好网络舆情应对工作就需要协调好多个部门的力量和资源，通过联动机制，形成应对舆情事件的合力。为了更高效的应对网络舆情，可以组建由宣传网信部门牵头领导，舆情敏感部门协调配合的协调应对机构，在平时主要负责了解和掌握网络舆情，遇到突发舆情事件时，通过信息通报、信息共享、联席会议等机制，由宣传网信部门统一指挥，对各部门进行应对策略的部署指导，实现舆情事件的高效协调共治，从而提高舆情应对响应的时效性，及时消除负面影响，减轻危害。同时，制定网络舆情应急预案，遇有突发事件及时采取相应手段压缩负面信息的传播空间，降低负面影响。此外，做好网上热点事件的舆论引导工作，其中重中之重就是构建起网络舆情应急联动机制。互联网是党和政府不可放弃的重要平台，网络舆情工作不仅是宣传网信部门的事情，从中央到地方都明确了网络舆情的责任主体是各级党委和政府。要建立“预案加协同作战加全方位监测”的三维立体的预警方式，对网络资源进行整合，形成资源共享舆情互通的情

形，合力形成宣传网信部门总体协调、舆情涉事部门主动应对、重点新闻网站发挥舆论引导作用的网上舆情应对工作格局。对于涉及跨多个部门、行业的复杂网络舆情应急事件，各级党政部门可以通过联席会议等形式，将舆情信息管理、收集、分析、引导、处置相关职能的部门通过一定的方式串联起来，从制度上强化各部门之间的信息交流与沟通，统筹协调好对外宣传的口径，冲破部门樊篱，打通信息孤岛，通过联席会议等形式最大限度地进行信息沟通和资源共享，保证地方政府在公共管理中准确掌握网络舆情动态，及时做出反应并反馈。同时相关部门应加强对网络的监管力度，大力倡导绿色上网，在全社会营造良好的网络环境。

第七章　全媒体时代党提升群众组织力的价值

群众组织力是我党组织和动员群众参与社会实践活动的能力，是永葆党旺盛生命力和强大战斗力的一种能力。全媒体时代党的群众组织力提升有利于新的历史时期全面深入密切党群关系，夯实我党长期执政的群众根基，凝聚起奋进新征程的磅礴伟力。

第一节　有利于新时期全面深入密切党群关系

党的二十大报告明确指出，要始终保持党同人民群众的血肉联系。这就说明，全面深入密切党群关系是我党建设的一个永恒的重大课题。全媒体时代，党和群众交流沟通的方式发生了巨大变化，一方面多媒体的出现，便捷了党群关系沟通的桥梁。另一方面，网络“大V”的出现和网络舆情的快速发酵等新情况的出现也使党群关系面临重大风险和挑战。纵观党的百余年发展历程，中国共产党是在同人民群众的密切联系中产生、发展和壮大的。

全媒体时代，中国共产党同样需要加强建设党群关系，永远保持同人民群众的血肉联系，才能源源不断地从人民群众中汲取智慧和力量，有效解决中国特色社会主义在改革与发展过程中遇到的困难与挑战，确保党始终处于领导地位。

一、用好全媒体技术，能够更好传播党的创新理论

与纸质书刊、电视、广播等传统媒体相比，全媒体的覆盖面、传播效率、精准度、影响力等，均较传统媒体工具有显著的提升。这不仅有利于民众及时而准确地了解党的最新的理论成果与政策规章，确保民众能够正

确解读党的目标、方针、路线、政策，而且也有利于党便捷地倾听民众呼声，从而更能贴近时代特征与民众需求，在很大程度上增进党群关系。毋庸置疑，党群关系的好坏，直接关乎我党执政地位能否更为牢固、长久，以及党的路线方针政策能否得到贯彻落实，还关乎我国社会能否保持长治久安。

高效利用全媒体进行信息传播，能不断提升人民群众对于党的路线方针政策的了解度和支持度，推动党的理论的不断创新。我们党所制定的各项路线方针政策能否顺利宣传和落实，直接关系到国家政治、经济、文化、军事、民生等领域能否顺利发展。而政策的贯彻、规章制度的遵守，离不开人民群众的接纳与拥护。借助全媒体信息传播的迅捷性，能不断提升人民群众对于党的各类政策、规章制度的深入了解，从而有助于党和国家各项路线方针政策的顺利贯彻和执行。

作为确保我国社会稳定、事业发展的核心领导力量，中国共产党所制定的各类政策和规章制度，无疑是直接影响国家政治、经济、文化、军事、民生等领域发展的重要因素。而政策的贯彻、规章制度的遵守，离不开人民群众的接纳与推动。网络化、传媒化社会的全面建立，改变了信息传播的原有形态，使得追求高效率、高品质的发展体验成为当前民众的主流需求。党的宣传活动作为直接向民众展示党的执政理念、发展规划以及管理制度的传播载体，更加应当突出信息传输的时效性和质量。所以，随着数字化电子书刊、互联网传媒以及移动资讯推送平台等多媒体的应用，民众不必再依赖报刊、电视、广播等传统媒介，而是能够突破时间、空间的物理限制，随时查阅、保存以及传播各类党建信息，及时了解到党的发展动态。这就极大地提高了党的声音传播的覆盖面与辐射力，也能对不同地域的民众产生更为广泛、深远的影响。

持续创新发展理论、不断完善中国特色社会主义制度，是确保党能够保持先进性的核心要义之一。中国共产党始终坚持唯物主义动态发展观，强调发展观念要与时俱进、勇于革新，要以人民群众的利益诉求为各项工作开展的立足点、出发点。全媒体传递声像文字等信息齐全而准确，又可便利地进行互动，利用全媒体能够提升人民群众对于党的认同、接纳及拥护，为党提供强劲而持久的精神驱动力，有效凝聚全民协同、互利双赢的意识，营造崇尚科学、讲求理性以及勇于创新的社会氛围，从而推动全党发展理论的不断创新、各项制度的逐步完善。

二. 用好全媒体技术，能够帮助党更好听民声顺民意

全媒体时代，党能够更快速更精准倾听民心民意，为民众提供更为有效的利益诉求表达途径。与人民同呼吸共命运，倾听和尊重民心民意，是党的执政宗旨与施政目标，也是衡量党的工作实际效果的关键参照，更是影响民众对党的认同度的重要因素。而民众发展诉求的差异化、多样化，则要求各级党政机关应当重新审视当前党的各项工作，将保障民众各项基本权益、合理引导民众进行建言表达等作为重点。①在电子数字化传媒、网络平台等新媒体的辅助之下，提高党的领导和管理的讯捷性、突出人性化，鼓励民众利用新媒体参与到相关党建政务的主题讨论之中、积极发表自身意见，学习相应的维权知识，能够凝聚基层民心、民意，促使社会大众更加支持、拥护党的各项政策与制度。

实践充分证明，全媒体时代，通过网络倾听人民群众心声，集思广益、凝心聚力，是提升全媒体时代群众组织力，走好网上群众路线的重要方式方法。互联网因其使用便捷、可互动分享等特性，成为体察民情、搜集民意、倾听民声、回应关切的重要阵地。党员干部一方面要善于借助全媒体技术了解群众需求，把这些需求作为推动工作、改进工作的重要依据；要善于根据群众提出的意见建议特别是批评性意见，检查自身工作得失，及时纠偏完善。②同时，还要借助多媒体技术加强与人民群众的互动。对建设性意见要及时吸纳，对困难群众要及时帮助，对不了解情况的要及时宣介，对模糊认识要及时廓清，让互联网成为了解群众、贴近群众、为群众排忧解难的新途径，成为发扬全过程人民民主、接受人民监督的重要渠道。③另一方面，提升全媒体时代党的群众组织力，要善于运用多种新媒体技术问

① 刘红凛. 党的组织力的内外向度与政治意蕴[J]. 当代世界与社会主义，2019（4）：8.
② 刘蓉. 改革开放以来党的群众组织力建设的实践探索与基本经验[D]. 山东大学，2022.
③ 刘华超，臧秀玲. 新时代增强党的群众组织力. 甘肃理论学刊，2019（5）：6.

计于民，凝心聚力。人民是历史的创造者，蕴藏着无穷的智慧与力量。全媒体为我们征求群众意见、向群众拜师学习提供了便捷的渠道。政府机关要充分利用这一点，进一步完善工作机制。特别是在开始建设一些涉及国计民生的重大工程时，要充分考虑广大人民群众的切身利益，尊重他们的意见和建议，将立项的公告公示积极发布到各级媒体平台，收集他们的意见和建议，通过这些渠道将广大人民群众的智慧与力量凝聚起来，充分研究吸收后开工建设，更容易顺应民心，合乎民意，工程的开展和建设也更容易得到广大人民群众的支持和拥护。除此之外，全媒体时代，广大党员干部群众如果在工作中遇到困难，也可以通过多媒体平台求教于人民群众。同时，也可以经常登录浏览各平台，了解人民群众所思所想，收集他们的好想法好建议好点子，更好服务于广大人民群众。

三. 用好全媒体技术，能够全面深入增进党群关系

全媒体时代，借助多媒体平台改善宣传工作，可以树立党的良好形象。各级党政机关组织、宣传部门集中发挥自身的统筹、管理职能，积极利用多媒体平台的巨大影响力，逐步调整现有的传播理念与运作方式。[①]以全面展示党的组织、制度的先进性，传承党的优良传统、发展理念，以及践行为人民服务、谋福利的宗旨为重点，可以促使全体党员逐步强化自身清正奉公、和谐无私的公仆意识，勉励其投入工作、学习、生活，充分释放精神文化感染力与驱动力，深化社会大众对于党的形象的认识，进一步保持、加强党和人民的血肉联系。[②]

全媒体时代，借助多媒体平台加强和完善党的监督及责任制，可以树立优良工作作风。灵活借助互联网的微媒体、新媒体等多媒体技术，加快在各级党政机关内部进行监督责任制、权力清单问责制的落实，可以从思想认识上确保党政人员严于律己、依法办事。[③]此外，还可以利用融媒体进

---

① 任爱芬．新时代中国共产党群众组织力建设研究[D]．山东大学，2021.

② 莫东林．以自我革命提升党的政治领导力、思想引领力、群众组织力、社会号召力[J]．求知，2022：18-20.

③ 包菈，于海东．浅析全媒体时代党媒重大主题宣传报道创新举措[J]．新闻论坛，2022，

行党风成果宣传，全面展示党对法治、反腐、民生的高度重视与切实努力，充分增进民众对于党的文化内涵、管理制度的理性认识。同时，也可以在严格依照党的章程、法规，坚持贯彻民主集中制的基础之上，逐步建立以全媒体为传播主体的党风建设管理方式。

全媒体时代，加强多媒体与党的工作协同，可以提升党的声音传播时效性。通过研讨会、报告会以及交流会等多样化的形式，引导各级党政机关深入、全面地了解融媒体在当今时代的传播价值，并结合党建工作的阶段实际与发展需求，明确以融媒体辅助党的声音传播、落实的工作重点。[①]逐步加强电子化、数字化、网络化办公工具与模式的应用，对接时下民众主流的需求，细化官方论坛、微博、微信的部署与操作流程，确保民众能够及时、便捷地获取党的最新理论成果、各类制度、各项政策的信息，形成准确、全面的认知。

全媒体时代，打造融媒体建言与监督平台、开展线下交流互动，可以凝聚共识。充分利用微博、微信公众号、官方社区论坛等多媒体平台的融合，导入公开、公正、健康的在线建言与监督机制，鼓励民众围绕党的形象塑造、政策落实效果以及民生建设等议题畅所欲言、各抒己见。同时，以互联网、数字化媒体为动态沟通平台，开展同步的线下交流、实践活动，深入探讨党在推动反腐倡廉、加快社会保障改革、提升民众福祉等方面的努力，促使其产生强烈的自豪感、自信心以及归属感，并主动向其他民众传播、讲解党的惠民政策，可以使齐心协力推动党政稳步改革、构建和谐有序社会、打造干净美丽环境成为全民共识。

全媒体时代的融合发展，要深入贯彻落实习近平总书记关于媒体融合发展的重要讲话和对人民日报工作的重要指示精神，牢牢坚持正确政治方向、舆论导向和价值取向，守初心担使命、守正道创新局，进一步推动媒体融合向纵深发展，不断拓展全媒体传播格局，充分发挥在舆论上的导向作用、旗帜作用、引领作用。

36（3）：119-120.

① 李言超．全媒体时代党的理论传播特点与创新路径[J]．厦门特区党校学报，2022，184（2）：40-45.

第二节　有利于夯实我党长期执政的群众根基

中国共产党是中国特色社会主义的核心力量，办好中国事情，关键在党。党的群众根基直接关系到党执政的基础和根源，其意义重大。习近平总书记指出：江山就是人民、人民就是江山，打江山、守江山，守的是人民的心。中国共产党根基在人民、血脉在人民、力量在人民。全媒体时代党的群众组织力提升有利于夯实我们党长期执政的群众根基，再创辉煌历史。

一．利用全媒体平台，强化党联系群众的基层组织

习近平总书记指出，基层党组织“把群众观点、群众路线深深植根于思想中、具体落实到行动上，着力解决群众最关心最现实的利益问题，不断增强人民群众对党的信任和信心，筑牢党长期执政最可靠的阶级基础和群众根基。”基层党组织常年处于群众工作的最前沿，肩负着直接组织、宣传、凝聚和服务群众的任务。通过用通俗易懂、有说服力的语言，积极倾听和满足人民群众的合理诉求，基层党组织不断提高自身服务能力，让人民群众感受到最为贴心的服务，赢得人民群众的认可，可以最大限度地把人民群众组织起来，使其思想统一，达到凝聚共识、形成合力的效果，形成听党话、跟党走的局面，增强基层党组织的凝聚力、号召力、组织力和战斗力，有利于巩固党长期执政的群众基础。

全媒体时代，越来越多的基层党组织开始应用信息技术，实现更加高效的管理和服务。如：网格化管理就是目前比较流行的一种管理模式，可以有效提高基层管理的效率和质量，提高为人民群众服务的水平。

一方面，通过各级各类多媒体技术培训，帮助基层组织的党员干部掌握各种媒体技术的基本使用方法，尤其是一些基本的信息化工具和软件，如地理信息系统、数据分析软件等，帮助他们使用信息化平台和工具，提高服务质量。技术培训应该包括以下三个方面。一是基础知识。教授计算

机操作基础知识、安全使用互联网、电子邮件的使用等基础技能。二是应用技能。培训使用一些软件系统、在线平台、协同工具等技术手段以及信息化服务方式等。三是管理知识。对信息化系统和服务的管理、维护、安全防护等方面进行培训，提高管理和运营水平。通过这些基本训练，党的基层组织联系群众，引领群众的能力将大大增强。

另一方面，通过加强基层党组织数据化、精准化、协同化和参与化管理，能够大幅提升基层党组织服务人民群众的精度，广度和深度。例如，通过智能监控设备来监测市区内的公共安全情况，通过智能化管理系统来提高城市交通的流畅度，通过大数据技术来优化城市的资源配置等等。[①]通过手机 APP 可以向群众推送实时的公共服务信息，提供便民服务。通过定位和识别技术，可以实现对城市和社区的定点巡检，对特定区域和设施进行重点管理和维护提高管理的效率和准确性。信息技术的应用不仅可以支持网格化管理的精准化和数据化，还可以实现网格化管理的协同化。通过智能化管理系统或者专业的管理软件，可以将社区和乡镇的各个部门的工作协同起来，实现工作流程自动化，有效地避免资源浪费和重复投入问题。通过数据共享，不同部门可以实现信息的共享，提高管理的协同效率。群众作为城市管理和乡镇管理的主体，参与网格化管理可以增强管理的感性认识，并积极参与管理工作。

通过信息技术的应用，可以实现群众与基层组织之间的全面信息互动，增强群众对基层工作的参与感和归属感。群众可以通过在线平台、社交媒体等渠道，与基层组织进行实时沟通和交流，提出自己的意见和建议，参与基层工作的决策和实施。这种互动不仅可以提高群众的满意度和参与度，还可以促进社区的和谐稳定，增强全媒体时代党的群众组织力。同时，信息技术也可以为基层组织提供更好的管理和服务手段，提高工作效率和质量，进一步增强群众对党的信任和支持。通过信息技术的应用，可以实现群众与基层组织之间的良性互动，推动社区的持续发展和进步，进一步巩固党的执政基础。

---

① 陈惠萍，李正兴．试论全媒体时代的高校党史教育[J]．中国地市报人，2022（03）：107-109．

二、利用全媒体平台，拓展党服务群众的满足方式

全媒体时代，人民群众的需求层次和需求范围发生了更大变化，开始向虚拟现实和网络空间拓展。这种变化既表现为在现实生活中各种各样具体化的利益诉求，也表现为通过"数字化"赋能人民群众美好生活等方面的需要。[①]通过全媒体平台，可以更好地服务人民群众，传播党的政策和决策，加强与社会各方面的联系和合作。同时，全媒体平台也可以促进群众对公共事务的参与和监督，提高社会民主化和公民意识。全媒体平台的建设和发展应当以服务人民群众为根本宗旨，为建设和谐稳定的社会发挥重要作用。

一方面，全媒体时代，人民群众通过多媒体平台反映现实生活中多种多样具体化的利益诉求，这种反映方式快速便捷。各级政府，党员干部很容易通过网络了解这些诉求，并根据需要采取多种方式提供个性化服务。如：通过直播平台等为农民提供农业技术咨询和培训，为学生提供学习指导和职业规划，为居民提供社区服务、矛盾调解、法律咨询等服务。同时，各级党组织还可以通过多媒体平台建设多样化的群组，精准服务某一类群体，如：妇女组织、青年组织、农民工组织等，为不同群体提供精准的专业化服务和关怀。

另一方面，全媒体时代，移动互联网、大数据、云计算、区块链、人工智能等数字技术为人民的日常生活构筑起全方位的数字化基础设施，赋能人民群众的美好生活需要。这张数字大网包罗了人们的学习工作、信息获取、购物娱乐、医疗就诊等日常实践的方方面面，"云交往""云看展""云旅游""云看诊"等词汇的流行表征了人民的日常生活逐渐走向数字化和媒介化。[②]荷兰学者约瑟·范·迪克（Jos é　Van Dijck）将这种依赖于数字基础设施的平台化实践称为"平台化生存"。数字化更是开启了极具未来感的生活方式，VR/AR 眼镜等可穿戴设备提供远程场景的身临其境之感、物联

---

① 双传学. 全媒体时代群众路线的知与行[J]. 中国记者，2021（10）：26-31.

② 朱旭旭. 习近平关于增强党的群众组织力重要论述探析[J]. 世界社会主义研究，2022，7（8）：40-46+121.

网推动智能家居和智慧城市的发展，AI技术也在自动驾驶领域继续探索，5G技术的普及让远程医疗监测和高精准手术得以可能。随着我国步入老龄化社会，政府联合企业平台进行了一系列数字适老化改造，如中央广播电视总台为满足中老年用户的需求，专门开发了一款面向老年群体的乐龄版“云听”音频客户端，该产品在内容、功能、界面设计及字体上都更加适应中老年用户的收听习惯，为老龄化社会提供贴近人民、以人为本的数字化服务。这些便民的数字技术得益于我国的“数字强国”战略部署。“互联网＋”开启了一场日常生活的数字化场景革命。

此外，数字化在补足教育、医疗、就业等社会公共服务短板和助力乡村振兴建设方面也具有重要功用，有助于实现维护社会公平正义，着力解决发展不平衡不充分问题和人民群众急难愁盼问题。教育领域进行平台资源融合创新，尽力缩小城乡教育资源的差距。疫情防控期间，国家级网络学习平台“学习强国”及时推出“在家上学”专区，为全国中小学生提供免费的网课学习入口，开启了网络公益教育的示范效应。医疗领域正在推进互联网＋医疗的远程诊治服务，提供在线疾病咨询、电子处方、远程会诊及远程治疗和康复服务，推动医疗服务和医疗产业创新，促进“健康中国”建设。在数字技术的依托下，直播电商成为吸引青年返乡创业的新思路。年轻人通过抖音、快手平台的直播，为家乡农产品和传统手工制品打开销路，拉动当地的生态旅游经济。疫情防控期间，政府＋电商的联动合作模式解决了许多农产品销售难题，电商扶贫成为助力乡村振兴的新型探索。

三．利用全媒体平台，夯实党长期执政的群众根基

全媒体时代的到来，改变了党的执政环境，执政方式，既给我党长期执政造成了一些隐患，但同时也带来了重大机遇。利用好全媒体平台及其承载的资源，能够抑制其负面影响，赋能国家治理，使我党更好联系群众，宣传群众，引领群众，组织群众，服务群众，夯实我党长期执政的群众根基，带领广大人民群众一起，早日实现中华民族伟大复兴梦，社会主义现代化强国梦。

全媒体时代党的执政环境发生了重大改变。习近平总书记在致第四届世界互联网大会的贺信中指出，当前，以信息技术为代表的新一轮科技和产业革命正在萌发，为经济社会发展注入了强劲动力，同时，互联网发展也给世界各国主权、安全、发展利益带来许多新的挑战。可以看到，随着互联网的快速发展和信息化的深入推进，互联网经济、信息经济已成为新的生产生活方式的引擎。借助互联网带来的便捷化沟通交流，人们的社会交往方式发生了根本性变化，泛在的、即时的、跨时空的交往方式开始占据主导。共同分享、广泛表达、高频互动等信息交流特征，使开放、多样的思想舆论对人们产生了越来越大的影响。如何顺应和驾驭互联网时代人们的生产方式、社会交往方式和认知方式的深刻变化，成为中国共产党必须认真对待的重大挑战。

全媒体时代要求党的执政方式必须做出改变。全媒体时代整个社会的组织方式呈现出扁平化的特征，党在长期执政过程中必须适应这一新变化。从动员方式看，互联网催生的新社会阶层、新社会组织和利益主体，对传统的党组织的覆盖与动员方式提出了新挑战。从领导体系看，过去我们通过一整套的制度和机构设置并以划分职能的方式实现对经济社会事务的领导，面对全媒体时代经济社会文化等各种要素日益融合的局面，出现了诸多不适应。因此，在党的十九大报告中，习近平总书记指出，要“善于运用互联网技术和信息化手段开展工作”。

全媒体时代为党长期执政带来的重大机遇。第一，信息技术的使用可为经济发展提供新动力。习近平总书记强调，我们要加强信息基础设施建设，强化信息资源深度整合，打通经济社会发展的信息“大动脉”。党中央对实施网络强国战略、国家信息化发展战略、国家大数据战略、“互联网＋”行动计划等都作了重大部署并付诸实施，提出建设网络强国、数字中国、智慧社会，推动互联网、大数据、人工智能和实体经济深度融合。为此，要以信息流带动技术流、资金流、人才流、物资流，促进资源配置优化，促进全要素生产率提升，为推动创新发展、转变经济发展方式、调整经济结构发挥积极作用。第二，可让亿万人民在共享互联网发展成果上有更多获得感。要加大投入力度，加快农村互联网建设步伐，扩大光纤网、宽带网在农村的有效覆盖；要努力做好信息化和工业化深度融合这篇大文章，发展智能制造，带动更多人创新创业；要充分发挥互联网优势，实施“互联网＋教育”“互联网＋医疗”“互联网＋文化”等，促进基本公共服务均等化；要加快推进电子政务，鼓励各级政府部门打破信息壁垒、提升服务效率，解决办事难、办事慢、办事繁的问题；等等。第三，可发挥信息化在国家治理体系和治理能力现代化进程中的重要作用。以信息化推进国家治理体系和治理能力现代化，统筹发展电子政务，构建一体化在线服务平台，分级分类推进新型智慧城市建设，打通信息壁垒，构建全国信息资源共享体系，更好地用信息化手段感知社会态势、畅通沟通渠道、辅助科学决策。

第三节　有利于凝聚起奋进新征程的磅礴伟力

在党的二十大报告中，习近平总书记深刻指出：“团结奋斗是中国人民创造历史伟业的必由之路。只要在党的领导下全国各族人民团结一心、众志成城，敢于斗争、善于斗争，我们就一定能够战胜前进道路上的一切困难挑战，继续创造令人刮目相看的新的奇迹。”团结就是力量，奋斗开创未来。过去一百余年，中国共产党带领全国人民一道取得了伟大成就，实现了全面小康历史目标。未来完成社会主义现代化强国目标，实现伟大复兴中国梦，仍然需要党和人民团结奋斗，需要党和人民群众手牵手，心连心，凝聚起奋进新征程的磅礴伟力。

一．党和人民取得的一切成就都是团结奋斗的结果

习近平总书记指出：“一百年来，党和人民取得的一切成就都是团结奋斗的结果，团结奋斗是中国共产党和中国人民最显著的精神标识。”[①]“人多力量大”“人心齐，泰山移”“众人拾柴火焰高”“天时不如地利，地利不如人和”等格言警句，是中华民族团结精神的生动写照，这一伟大精神植

① 习近平．在二〇二二年春节团拜会上的讲话[N]．人民日报，2022-01-31．

根于中国人内心最深处，深刻影响着中国人的精神世界和日常行为。回望百余年党史，党带领人民努力奋斗，取得了彪炳史册的光辉成就。

一百年多来，中国共产党团结带领中国人民浴血奋战、百折不挠，打败国内外一切反动势力，取得了新民主主义革命伟大胜利，建立了人民当家作主的中华人民共和国，完成了中华民族独立、人民解放的历史任务，开启了中华民族发展进步的历史新纪元。新中国成立后，中国共产党团结带领中国人民，自力更生、发愤图强，创造了社会主义革命和建设的伟大成就；解放思想、锐意进取，创造了改革开放和社会主义现代化建设的伟大成就；自信自强、守正创新，统揽伟大斗争、伟大工程、伟大事业、伟大梦想，创造了新时代中国特色社会主义的伟大成就。

中国共产党人的初心和使命就是为中国人民谋幸福，为中华民族谋复兴。不断增进民生福祉、实现人民幸福，是党的初心和使命的集中体现。自党的十八大以来，以习近平同志为核心的党中央坚持并践行“以人民为中心”的价值理念，并深情指出：“人民就是江山，共产党打江山、守江山，守的是人民的心，为的是让人民过上好日子。我们党的奋斗史就是为人民谋幸福的历史。”同时，他也不忘时刻提醒党员干部：“我们党发展壮大起来不容易，夺取政权不容易，建设新中国不容易。老百姓衷心拥护中国共产党，就是因为中国共产党始终全心全意为人民服务、为各民族谋幸福。”可见，中国共产党是对人民怀有深厚感情和强烈责任感的政党，是坚持一切为了人民、一切依靠人民，始终把人民放在心中最高位置、把人民对美好生活的向往作为奋斗目标的政党。一百余年来，中国共产党坚持初心使命，团结带领中国人民，浴血奋战、百折不挠，创造了新民主主义革命的伟大成就；自力更生、发愤图强，创造了社会主义革命和建设的伟大成就；“解放思想、锐意进取，创造了改革开放和社会主义现代化建设的伟大成就；自信自强、守正创新，统揽伟大斗争、伟大工程、伟大事业、伟大梦想，创造了新时代中国特色社会主义的伟大成就。

二. 团结奋斗是党和人民取得伟大胜利的重要法宝

在党的二十大报告中，习近平总书记深刻指出：“新时代的伟大成就是党和人民一道拼出来、干出来、奋斗出来的!”这一论断，深刻揭示了新的历史时期党和国家事业发生历史性变革、取得历史性成就的重要密码，党带领全国人民团结奋斗史党和人民的伟大事业取得伟大胜利的重要法宝。只要我们党紧紧依靠人民，就没有战胜不了的艰难险阻，就没有成就不了的宏图大业。

红军长征年代，身处于半殖民地半封建社会的黑暗中国，日寇肆虐，社会危机四伏，国民党反动派置民族危亡于不顾，集中全力大规模“围剿”革命根据地，中国共产党和红军到了危急关头，中国革命到了危急关头，中华民族到了危急关头。面对生死存亡的现实考验，1934 年 10 月至 1936 年 10 月，红军第一、第二、第四方面军和第二十五军开启了世所罕见的不畏艰难险阻的远征。漫漫征途，与敌人进行战役战斗 600 余次，攀登 20 余座 4000 米以上高海拔雪山，跨过近百条江河，穿越被称为“死亡陷阱”的茫茫草地，平均每天急行军 50 公里以上……最终我们党领导红军，战胜各种不可能，付出巨大牺牲，胜利完成长征，宣告了国民党反动派消灭中国共产党和红军的图谋彻底失败，实现了中国共产党和中国革命事业从挫折走向胜利的伟大转折，开启了中国共产党为实现民族独立、人民解放而斗争的新的伟大进军。红军打胜仗，人民是靠山。广大人民群众是长征胜利的力量源泉。长征胜利启示我们，人民群众有着无尽的智慧和力量，只有始终相信人民，紧紧依靠人民，充分调动广大人民的积极性、主动性、创造性，才能凝聚起众志成城的磅礴之力。

新型冠状病毒肺炎是近百年来人类遭遇的影响范围最广的全球性大流行病，对全世界是一次严重危机和严峻考验。人类生命安全和健康面临重大威胁。这是一场全人类与病毒的战争。面对前所未知、突如其来、来势汹汹的疫情天灾，中国果断打响疫情防控阻击战。中国把人民生命安全和身体健康放在第一位，以坚定果敢的勇气和决心，采取最全面最严格最彻底的防控措施，有效阻断病毒传播链条。14 亿多中国人民坚韧奉献、团结协作，构筑起同心战疫的坚固防线，彰显了人民的伟大力量。中国人民，不分男女老幼，不论岗位分工，都自觉投入抗击疫情的人民战争，坚韧团结、和衷共济，凝聚起抗击疫情的磅礴力量。中国人民都是抗击疫情的伟大战士。医务工作者白衣擐甲、逆行出征；武汉人民和湖北人民顾全大局、顽强不屈，为阻击病毒作出巨大牺牲；社区工作者、公安民警、海关关员、基层干部、下沉干部不辞辛苦、日夜值守，为保护人民生命安全牺牲奉献；快递小哥、环卫工人、道路运输从业人员、新闻工作者、志愿者等各行各业工作者不惧风雨、敬业坚守；广大民众扛起责任、众志成城，自觉参与抗击疫情。正是中国人民的同舟共济，众志成城，才能取得疫情防控的重大战略成果。对此，习近平总书记在全国抗击新冠肺炎疫情表彰大会上动情指出："抗疫斗争伟大实践再次证明，中国人民所具有的不屈不挠的意志力，是战胜前进道路上一切艰难险阻的力量源泉。""历史和现实都告诉我们，只要紧紧依靠人民、一切为了人民，充分激发广大人民顽强不屈的意志和坚忍不拔的毅力，我们就一定能够使最广大人民紧密团结在一起，不断创造中华民族新的历史辉煌。"

每到像红军长征，新冠肺炎肆虐这样的艰难时刻，广大人民群众总是党和国家的坚强后盾，他们不计代价，拼尽全力，挽狂澜于危难中的中国。正如习近平总书记 2020 年 9 月 17 日在湖南长沙主持召开基层代表座谈会时所言："广大人民群众总是同心同德、齐心协力、顽强奋战，作出了重大贡献。党和国家事业取得胜利都是人民的胜利！人民是真正的英雄！"

三．开创美好未来需要党和人民共同携手团结奋斗

在 2023 年新年贺词中，习近平总书记指出："明天的中国，力量源于团结。""14 亿多中国人心往一处想、劲往一处使，同舟共济、众志成城，就没有干不成的事、迈不过的坎。"团结才能胜利，奋斗方能成功。在中国共产党的领导下，全党全国各族人民团结成"一块坚硬的钢铁"，万众一心，就能形成一股无坚不摧的磅礴力量，战胜一切艰难险阻，不断推动中国特色社会主义伟大事业走向前进，中华民族伟大复兴号巨轮乘风破浪、扬帆远航。全媒体时代，信息传播速度更快，每个人都是麦克风，人与人之间的沟通可以超越时空的限制，实现自由瞬时的交流，有利于我党更快更好更精准团结广大人民群众。

全媒体时代，团结奋斗仍是中国共产党立于不败之地的重要法宝。无

团结不奋斗，无奋斗不团结。团结和奋斗是紧密联系、辩证统一的。习近平总书记指出，围绕明确奋斗目标形成的团结才是最牢固的团结，依靠紧密团结进行的奋斗才是最有力的奋斗。团结奋斗是马克思主义政党永葆先进性，立于不败之地的重要法宝。也是全媒体时代我党应对复杂的国际国内形势，始终践行党的初心使命，加强党的自身建设，凝聚新征程上的磅礴力量的必由之路。

首先，应对全媒体时代复杂的国际国内形势需要团结奋斗。全媒体时代，我国发展进入战略机遇和风险挑战并存、不确定难预料因素增多的时期，各种“黑天鹅”“灰犀牛”事件随时可能发生。从国际形势和环境看，百年变局和世纪疫情相互交织，经济全球化遭遇逆流，霸权主义、强权政治不断抬头，大国博弈日趋激烈，乌克兰危机影响深远等；从国内形势和环境看，发展不平衡不充分问题仍然突出，推进高质量发展还有许多卡点瓶颈，科技创新能力还不够强，各种安全、风险防范任重道远，重点领域改革还有不少硬骨头要啃，意识形态领域斗争复杂尖锐等。“能用众力，则无敌于天下矣。”我们党只有永葆团结奋斗的昂扬精神，勇于进行具有许多新的历史特点的伟大斗争，才能应对重大挑战、抵御重大风险、克服重大阻力、解决重大矛盾，做到乱云飞渡仍从容、不惧风雨勇向前。①

其次，巩固全媒体时代党和人民共同的思想根基需要团结奋斗。全媒体时代，海量信息扑面而来，面对纷繁复杂的网络信息，增强线上线下“向心力”，关系党的前途命运，国家的长治久安。习近平总书记指出，历史和现实都警示我们，一个政权的瓦解往往是从思想领域开始的，思想防线被攻破了，其他防线就很难守住。全媒体时代，人人都是自媒体，各种消息不辨真伪，再加上别有用心的“意见领袖”的影响，西方敌对势力故意散播谣言等，使得意识形态领域的斗争更加尖锐复杂，各种思想文化交流交融交锋日益激烈。“上下同欲者胜，风雨同舟者兴。”中国共产党是一个领导 14 多亿人民的大党，引领全国人民走向共同富裕，实现中华民族伟大复兴中国梦，道阻且艰，需要人心归聚，精神共依的共同思想基础。只有坚

① 王炳林，石卓群. 团结奋斗是中国人民创造历史伟业的必由之路[J]. 新视野，2023，(1)：5-13.

持马克思主义在意识形态领域的指导地位，坚持用习近平新时代中国特色社会主义思想武装全党，牢牢掌握党对线上线下意识形态工作的领导权，坚持建设具有强大凝聚力和引领力的社会主义意识形态，坚持以社会主义核心价值观引领社会主义文化建设，坚持以主流舆论新格局加强全媒体传播体系建设，使互联网这个最大变量成为增强“向心力”的最大力量，才能构建全媒体时代党和人民团结奋斗的坚实根基。[①]

最后，绘制汇聚全国人民力量的“最大最美同心圆”需要团结奋斗。全媒体时代，面对的形势更加复杂，碰到的问题更加艰难，需要汇集方方面面的智慧。一方面，要发展全过程人民民主，广开言路，凝智聚力，既能在治国理政的各个环节体现人民意志，又能够吸收群众智慧，形成最最广泛、最真实、最管用的社会主义民主。实现这一目标，一要坚持党的领导，确保全过程人民民主发展的正确方向；二要加强制度建设，采用全媒体技术，多方扩大人民有序参与政治，全面发展协商民主；三要筑牢党的群众路线根基，推进基层人民民主；四要充分发挥网络媒体技术作用，通过多媒体平台，信息技术等载体传播党的声音，收集民意、汇聚民智、掌握民情、聚拢民心，全面提升党的群众组织力，夯实党的群众基础。另一方面，要搞好大统战工作，形成共识，真正把不同党派、不同民族、不同阶层、不同群体、不同信仰以及生活在不同社会制度下的全体中华儿女都团结起来，找到最大公约数，画出最大同心圆。“志合者，不以山海为远”，只要全党，全国人民，全体中华儿女达成共识，正如毛泽东同志所言，“把拥护我们的人搞得多多的，把反对我们的人搞得少少的！”，就一定能形成实现中华民族伟大复兴的磅礴力量。

---

① 张弘弛．新时代增强党的群众组织力探论[J]．中共山西省委党校学报，2019（5）：41-44.

参 考 文 献

[1] 中共中央马克思恩格斯李恩斯大林著作编译局．马克思恩格斯选集[M]．北京：人民出版社，2012．

[2] 中共中央马克思恩格斯李恩斯大林著作编译局．列宁全集[M]．北京：人民出版社，1990．

[3] 毛泽东．毛泽东文集[M]．北京：人民出版社，1996．

[4] 邓小平．邓小平文选[M]．北京：人民出版社，1994．

[5] 刘少奇．刘少奇选集[M]．北京：人民出版社，1981．

[6] 陈云．陈云同志文稿选编（1956—1962）[M]．北京：人民出版社，1981．

[7] 江泽民．江泽民文选（第3卷）[M]．北京：人民出版社，2006．

[8] 胡锦涛．十七大以来重要文献选编工（中）[M]．北京：中央文献出版社，2011．

[9] 习近平．习近平谈治国理政（第1卷）[M]．北京：外文出版社，2018．

[10] 中国共产党宣传工作文献选编（1915—1937）[M]．北京：学习出版社，1996：837．

[11] 中华人民共和国宪法[M]．北京：法律出版社，2018：5．

[12] [法] 霍尔巴赫．自然的体系[M]．北京：商务印书馆，1979．

[13] [荷] 约翰．范本特姆．逻辑、信息和互动[M]．刘奋荣等译．北京：科学出版社，2008．

[14] [美] 埃德加・斯诺．红星照耀中国[M]．董乐山译．北京：人民文学出版社，2016．

[15] [美] 埃瑟・戴森．2.0版数字化时代的生活设计[M]．胡泳，范海燕译．海口：海南出版社．1998．

[16] [美] 艾里克．拉斯缪森．博弈与信息[M]．王晖等译．北京：北京大学出版社，2003，168．

[17] [英] 维克托・迈尔・舍恩伯格，肯尼思・库克耶．大数据时代．盛杨

燕，周涛译. 浙江人民出版社，2013.

[18] 包莊，于海东. 浅析全媒体时代党媒重大主题宣传报道创新举措[J]. 新闻论坛，2022，36（3）：119-120.

[19] 陈惠萍，李正兴. 试论全媒体时代的高校党史教育[J]. 中国地市报人，2022（03）：107-109.

[20] 陈锡喜. 平易近人：习近平的语言力量[M]. 上海：上海交通大学出版社，2014. 256.

[21] 董天策. 网络新闻传播学[M]. 福州：福建人民出版社，2004：47.

[22] 韩志明. 从"独白"走向"对话"——网络时代行政话语模式的转向[J]. 东南学术，2012（5）：12.

[23] 胡海波. 马克思恩格斯文化观研究[D]. 东北师范大学，2010.

[24] 李言超. 全媒体时代党的理论传播特点与创新路径[J]. 厦门特区党校学报，2022,，184（2）：40-45.

[25] 刘红凛. 党的组织力的内外向度与政治意蕴[J]. 当代世界与社会主义，2019（4）：8.

[26] 刘华超，臧秀玲. 新时代增强党的群众组织力. 甘肃理论学刊，2019（5）：6.

[27] 刘蕊. 新时代领导干部网络媒介素养的提升路径[J]. 青年与社会，2020（7）：224-225.

[28] 黄宗羲. 明夷待访录[M]. 北京：中华书局，2011：68.

[29] 莫东林. 以自我革命提升党的政治领导力、思想引领力、群众组织力、社会号召力[J]. 求知，2022：18-20.